꿩먹고 알먹고

한글만 알면

네팔어 첫걸음

정인석 지음

문예림

꿩 먹고 알 먹는 **네팔어 첫걸음**

개정 2 판 1 쇄 인쇄 2024 년 7 월 5 일
개정 2 판 1 쇄 발행 2024 년 7 월 15 일

지은이 정인석
펴낸이 서덕일
펴낸곳 도서출판 문예림

출판등록 1962.7.12 (제 406-1962-1 호)
주소 경기도 파주시 회동길 366 3 층 (10881)
전화 (02)499-1281~2 **팩스** (02)499-1283
대표전자우편 info@moonyelim.com **통합홈페이지** www.moonyelim.com
카카오톡 "도서출판 문예림" 검색 후 추가
문의 사항은 카카오톡 또는 이메일로 말씀해주시면 답변드리겠습니다 .

ISBN 978-89-7482-939-1 (13730)

개정판 작업을 마치고

이 책이 세상에 나온 지 벌써 15년이 지났습니다. 2009년 초판과 2012년 개정판을 거쳐, 2024년 개정판을 여러분께 선보이게 되어 감회가 새롭습니다.

2012년 개정판 작업 이후, 다시 네팔에 가서 2년간 근무할 기회가 있었고, 2015년 네팔 대지진 직후에는 긴급지원 인력으로 파견되기도 했습니다. 그 후로 네팔을 다시 찾지 못했네요. 벌써 10년이 다 되어갑니다.

이후 저는 한국, 남태평양 섬나라 피지, 미국 하와이를 거쳐 지금은 케냐에 와서 일하고 있습니다. 다행히 피지와 하와이에서 살면서는 여러 모습의 네팔 친구들과 종종 만나 네팔어를 사용할 수 있었지만, 네팔을 떠난 지 너무 오래되어 단어들이 잘 기억나지 않는다는 걸 알게 되었습니다. 자연스럽게 제가 이 책의 저자로서 자격이 있는지 고민을 많이 했습니다.

고민 끝에 출판사에 책을 절판하고 싶다는 마음을 전했습니다. 그 과정에서 많지 않아도 꾸준히 네팔어를 배우고자 책을 찾는 독자들이 있고, 그분들에게는 이 책이 여전히 유용하다는 의견을 들었습니다. 그리고 한참 만에야 마음을 바꿔 이렇게 개정판을 내게 되었습니다.

이번 개정판 작업에서 네팔어 학습 내용의 큰 변화는 없습니다. 그간 발견한 오류를 수정하고, 각 장에 수록된 네팔 이야기 중 너무 오래된 내용을 일부 업데이트하였습니다. 무엇보다 독자분들께 인사하고 싶은 마음을 담아 머리말을 적었습니다.

여전히 부족한 책이지만 모쪼록 여러분의 네팔어 학습에 조금이나마 도움이 되길 바랍니다.

2024. 6. 20

정 인 석

머리말

네팔어 교재를 발간하며

네팔에서의 삶을 기록해야지 하는 욕구가 항상 있었습니다. 하지만 생각처럼 글로 남긴다는 것이 쉽지만은 않더군요. 직장생활로 바쁘기도 했고 이미 이곳에서의 생활이 설렘과 호기심보다는 평범한 일상이 되어버려 어떤 분야에도 흥미를 가지고 글을쓰기가 어려웠습니다.

그즈음 작년에 홈페이지 형식의 웹 카페를 개설했고 약간의 의무감에 네팔 이야기를 올리기 시작했는데 생각보다 많은 분들이 네팔어를 배우고 싶다고 하시더군요. 그렇게 네팔어 강의를 조금씩 올리기 시작한 것이 좋은 자료가 되어 책으로 펴낼 수 있게 되었습니다.

이 교재는 총 40과로 구성되어 있습니다. 자주 사용되는 문장을 통해 네팔어를익히고,우리말로 설명한 네팔어 문법과 아울러 소개한 여러 가지 문형을 활용하시면 효과적인 학습이 되리라 생각합니다. 또한 네팔어 밑에 한글로 발음을 표기해서 네팔어 문자인 '데바나가리' 를 배우지 않고도 쉽게 읽을 수 있도록 하였습니다. 한글로 잘 표기하지 못하는 발음의 경우 최대한 비슷하게 표기하려고 하였지만 현지인의 정확한 발음을 익히기 위해서는 본문 녹음 파일을 활용하는 수밖에 없는 듯합니다.

저도 아직 스스로 만족할 만한 네팔어 실력은 아니지만 제가 아는 부분까지 만이라도 다른 분들이 쉽게 이해할 수 있도록 설명하려고 노력하였습니다. 또한 매 수업별로 네팔 이야기와 정보들도 조금씩 담았으니 이 책을 통해 단순히 언어만 배우는 것이 아니라 네팔의 문화도 접할 수 있는 좋은 기회가 되길 바랍니다.

원고를 완성하고도 검토할 때마다 계속해서 나오는 문법적 오류와 오-탈자 때문에 최종원고를 넘기기까지 시간이 많이 걸렸습니다. 지금도 완벽한 책이라고 말할 수는 없지만 책제목처럼 네팔어의 첫 걸음을 내디뎠으니, 앞으로도 계속해서 한국인을 위한 네팔어 교재가 개발되고 출판되기를 희망합니다.

이 책이 만들어지기 까지 많은 분들의 도움이 있었습니다. 오랜 친구이자 네팔어 선생님인 우메스와 정기적으로 만나 많은 조언을 받았고 네팔어 녹음에도 네팔어 선생님으로 일하는 부인인 스리저나와 함께 참여해 주셔서 MP3 녹음 제작을 마무리 할 수 있었습니다. 또한 부족한 글을 계속해서 읽고 수정해 주신 아버지의 도움과 일일이 언급하지 못한 많은 분들의 조언과 응원이 없었다면 이 책을 완성하기 어려웠을것 입니다. 도움을 주신 모든 분들께 다시 한 번 감사를 올립니다.

2009. 11. 17

정 인 석

차례

차례

네팔어 문자 – 데바나가리

◈ 네팔어 모음(13자)

अ /∂/ आ /a:/ इ /I/ ई /i:/ उ /U/ ऊ /u:/

ऋ /r$_I$/ ए /e/ ऐ /æ/ ओ /o/ औ /U/ अं /∂η/

अः /∂ h/

◈ 네팔어 자음(36자)

क /k/ ख /k^h/ ग /g/ घ /gh/ ङ /η/ च /^{t}s/

छ /^{t}s^h/ ज /Z/ /d$_3$/ झ /z^h/ ञ /n/ ट /t/ ठ /t^h/

ड /d/ ढ /d^h/ ण /η/ त /t/ थ /t^h/ द /d/ ध /d^h/

न /n/ प /p/ फ /p^h/ ब /b/ भ /b^h/ म /m/ य /j/

र /r/ ल /l/ व /w/ श /sh/ ष /sh/ स /s/ ह /h/

क्ष /kts^h/ त्र /tr/ ज्ञ /Jna/

※ 네팔어의 표기문자는 '데바나가리'입니다. 모음 13자와 자음 36자를 조합하여 만드는 표음 문자로서 네팔어뿐만 힌디(Hindi), 마라티(Marathi) 등 남아시아 지역의 언어에서 많이 사 용되고 있음으로 한번 익히시면 모두 쉽게 읽고 쓸 수 있습니다. 데바나가리 문자에는 한 글로 구분할 수 없는 문자(거, 버, 저 등)도 있기에 정확한 발음을 익히시기 위해서는 본문 녹음 파일을 들으면서 공부하시는 것이 좋습니다.

1. 모음

모음	반모음	발음	쓰기순서	연습하기			
अ		어	ˀ ३ ३ अ अ				
आ	ा	아	ˀ ३ ३ आ आ				
इ	ि	이	˂ इ इ				
ई	ी	이:	˂ इ इ ई				
उ	ु	우	ˏ उ उ				
ऊ	ू	우:	ˏ उ ऊ ऊ				
ऋ	ृ	리:	˜ ऋ ऋ ऋ ऋ				
ए	े	에	ˎ ए ए				
ऐ	ै	애	ˎ ए ए ऐ				
ओ	ो	오	३ ३ आ आ ओ				
औ	ौ	오우	३ ३ आ आ औ				

※ 반모음의 경우 자음과 합쳐져 소리를 낼 때 사용되며 장모음의 경우 :로 표기하였습니다.

2. 자음

꺼~엉(연구개음)

자음	반자음	발음	쓰기순서	연습하기			
क	क्	꺼	क				
ख	ख्	커	ख				
ग	ग्	거	ग				
घ	घ्	거	घ				
ङ	ँ	엉	ङ				

쩌~녀(경구개음)

자음	반자음	발음	쓰기순서	연습하기			
च	च्	쩌	च				
छ	छ्	처	छ				
ज	ज्	저	ज				
झ	झ्	저	झ				
ञ	ञ्	녀	ञ				

떠~너(권설음)

자음	반자음	발음	쓰 기 순 서	연 습 하 기			
ट	ट्	떠	ˈ ट ट				
ठ	ठ्	터	(ठ ठ				
ड	ड्	더	ड ड ड				
ढ	ढ्	더	ढ ढ ढ				
ण	ण्	너	(ण ण ण				

떠~너(치음)

자음	반자음	발음	쓰 기 순 서	연 습 하 기			
त	त्	떠	- (त त				
थ	थ्	터	थ थ थ थ				
द	द्	더	द द द				
ध	ध्	더	ध ध ध ध				
न	न्	너	न न न				

뻐~머(양순음)

자음	반자음	발음	쓰기순서	연습하기			
प	प्‍	뻐	प				
फ	फ्‍	퍼	फ				
ब	ब्‍	버	ब				
भ	भ्‍	버	भ				
म	म्‍	머	म				

여~워(중성모음 및 자음과 설정음 및 설측음)

자음	반자음	발음	쓰기순서	연습하기			
य		여	य				
र	र्	러	र				
ल	ल्‍	러	ल				
व	व्‍	워/버	व				

서~허(마찰음)

자음	반자음	발음	쓰기순서	연습하기			
श	श्	서					
ष	ष्	서					
स	स्	서					
ह	ह्	허					

쳐~쓰리(마찰음)

자음	반자음	발음	쓰기순서	연습하기			
क्ष		쳐 (츠어)	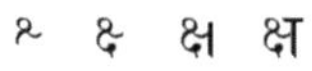				
त्र		뜨러					
ज्ञ		겨					
श्र		쓰리	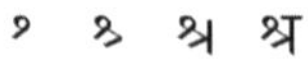				

※ 일반적으로 자음이 그대로 사용될 경우는 '꺼, 쩌, 떠, 뻐, 서' 등으로 발음되지만 반자음의 경우 받침으로 사용되거나 'ㄲ, 쯔, 뜨, 쁘, 스' 등으로 발음됩니다.

3. 자음과 모음 조합

자모조합		अ	आ	इ	ई	उ	ऊ	ऋ	ए	ऐ	ओ	औ
		어	아	이	이	우	우	리	에	애	오	오우
क	꺼	क	का	कि	की	कु	कू	कृ	के	कै	को	कौ
		꺼	까	끼	끼	꾸	꾸	끄리	께	깨	꼬	꼬우
च	쩌	च	चा	चि	ची	चु	चू	चृ	चे	चै	चो	चौ
		쩌	짜	찌	찌	쭈	쭈	쯔리	쩨	째	쪼	쪼우
ट	떠	ट	टा	टि	टी	टु	टू	टृ	टे	टै	टो	टौ
		떠	따	띠	띠	뚜	뚜	뜨리	떼	때	또	또우
त	떠	त	ता	ति	ती	तु	तू	तृ	ते	तै	तो	तौ
		떠	따	띠	띠	뚜	뚜	뜨리	떼	때	또	또우
प	뻐	प	पा	पि	पी	पु	पू	पृ	पे	पै	पो	पौ
		뻐	빠	삐	삐	뿌	뿌	쁘리	뻬	빼	뽀	뽀우
र	러	र	रा	रि	री	रु	रू	रृ	रे	रै	रो	रौ
		러	라	리	리	루	루	르리	레	래	로	로우
श	서	श	शा	शि	शी	शु	शू	शृ	शे	शै	शो	शौ
		서	사	시	시	수	수	스리	세	새	소	소우

※ 자음이 모음과 합쳐지지 않고 그대로 사용 될 때는 '꺼, 쩌, 떠, 뻐, 러, 서'와 같이 발음되나 다른 모음과 합쳐질 경우 '까, 끼, 꾸, 께, 꼬', '짜, 찌, 쭈, 쩨, 쪼' 등의 소리가 만들어 집니다.

4. 읽기 연습

한국어	네팔어(발음)	표기
볼펜	कलम 껄럼	क + ल + म 꺼 러 머
안녕하세요	नमस्ते 너머스떼	न + म + स् + ते 너 머 스 떼
한국	कोरीया 꼬리야	को + री + या 꼬 리 야
돈	पैसा 뻐이사	पै + सा 뻐이 사
친구	साथी 사티	सा + थी 사 티
옷	लुगा 루가	लु + गा 루 가
방	कोठा 꼬타	को + ठा 꼬 타
길	बाटो 바또	बा + टो 바 또
언어	भाषा 바사	भा + षा 바 사
비누	साबुन 사분	सा + बु + न 사 부 너
시험	जाँच 자쯔	जा + ँ + च 자 엉 쩌
음식	खाना 카나	खा + ना 카 나

※ 각각의 글자가 조합되어 하나의 단어를 만듭니다. 데바나가리를 모두 익히시면 발음 그대로 읽고 쓰시면서 사용하시면 됩니다. 단어의 마지막 글자는 반자음으로 표기되지 않았더라도 반자음으로 발음하는 경우가 많습니다.
예) 껄럼(○), 껄러머(×) / 사분(○), 사부너(×)

5. 네팔어 숫자 (1~100)

숫자		발음	숫자		발음	숫자		발음	숫자		발음	숫자		발음
1	१	엑	2	२	두이	3	३	띤	4	४	짜르	5	५	빠쯔
6	६	처	7	७	사트	8	८	아트	9	९	노우	10	१०	더스
11	११	에가러	12	१२	바ㅎ러	13	१३	떼ㅎ러	14	१४	쪼우더	15	१०	뻔드러
16	१६	소ㅎ러	17	१७	서뜨러	18	१८	어타러	19	१९	운나이스	20	२०	비스
21	२१	에까이스	22	२२	바이스	23	२३	떼이스	24	२४	쪼우비스	25	२५	뻐찌스
26	२६	처비스	27	२७	서따이스	28	२८	어타이스	29	२९	우넌띠스	30	३०	띠스
31	३१	엑띠스	32	३२	버띠스	33	३३	떼띠스	34	३४	쪼운띠스	35	३५	뻐잉띠스
36	३६	처띠스	37	३७	서잉띠스	38	३८	어트띠스	39	३९	우넌짤리스	40	४०	짤리스
41	४१	엑짤리스	42	४२	버얄리스	43	४३	뜨리짤리스	44	४४	쩌월리스	45	४५	뻐잉짤리스
46	४६	처얄리스	47	४७	섣짤리스	48	४८	어트짤리스	49	४९	우넌뻐짜스	50	५०	뻐짜스
51	५१	에까운너	52	५२	바운너	53	५३	뜨리뻔너	54	५४	쩌원너	55	५५	뻐쯔뻔너
56	५६	처뻔너	57	५७	선따운너	58	५८	언타운너	59	५९	우넌사티	60	६०	사티
61	६१	엑서티	62	६२	버이서티	63	६३	뜨리서티	64	६४	쪼우서티	65	६५	뻐잉서티
66	६६	처이서티	67	६७	섣서티	68	६८	어트서티	69	६९	우넌서떠리	70	७०	서떠리
71	७१	엑꺼허떠르	72	७२	버허떠르	73	७३	뜨리허떠르	74	७४	쪼우허떠르	75	७५	뻐저허떠르
76	७६	처허여떠르	77	७७	서떠허떠르	78	७८	어터허떠르	79	७९	우넌어시	80	८०	어시
81	८१	엑까시	82	८२	버야시	83	८३	뜨리야시	84	८४	쪼우라시	85	८५	뻐짜시
86	८६	처여사	87	८७	서따시	88	८८	어타시	89	८९	우넌넙베	90	९०	넙베
91	९१	에까넙베	92	९२	버얀넙베	93	९३	뜨리얀넙베	94	९४	쪼우란넙베	95	९५	뻔짜넙베
96	९६	처야넙베	97	९७	선딴넙베	98	९८	언탄넙베	99	९९	우넌서여	100	१००	서여

※ 서여(1백)이상의 단위로는 허잘(1천), 락(10만), 꺼로드(1,000만)가 있습니다.

6. 일러두기

교재에서 사용하는 V와 Vs 표기는 각각 동사원형과 동사축약형을 의미 합니다. V는 '카누(먹다), 아우누(가다), 씨끄누(배우다)'와 같은 사전형을 말하고 Vs는 '카, 아으, 씨끄'와 같이 동사의 뜻을 가지고 있는 동사의 앞부분을 말합니다. 예를 들어 '~을 하고' 에 해당하는 문법을 설명할 때 'Vs + 에러'로 표기 할 경우 '카에러, 아에러, 씨께러'로 조합하고 '먹고, 오고, 배우고'의 뜻이 됩니다.

01

저의 이름은 인석입니다. (자기소개)

1. 오늘의 한 마디

नमस्ते ।
너머스떼

मेरो नाम इन्सक हो ।
메로 남 인석 호

तपाइँको नाम उमेश हो ।
떠빠이꼬 남 우메스 호

해석
(1)안녕하세요. (2)안녕히 계세요.
나의 이름은 인석입니다.
당신의 이름은 우메스입니다.

인사말 너머스떼

'너머스떼'는 네팔어, 힌디어의 인사말로서 일반적으로 사람을 만났거나 헤어질 때 사용하는 말입니다. '너머스떼'의 존칭으로서는 '너머스까르'가 있으며, '당신 안에 있는 신에게 인사드립니다.'라는 뜻을 가지고 있습니다. 항상하는 인사말을 통해서도 네팔 사람들의 힌두 신앙심을 살펴볼 수 있습니다. 네팔어가 한국 사람들에게 낯선 언어긴 하지만 요즘 인도에 대한 관심 때문인지 많은 사람들이 '너머스떼' 정도의 인사말은 알고 있는 것 같습니다. 한국에서는 '나마스떼'로 흔히 알려져 있고 요가 수업을 시작할 때 '나마스떼'라는 인사를 하기도 한답니다. 혹시 아직도 모르신다면 지금 배우셔서 네팔사람들에게 먼저 다가가 봅시다. 두 손 모아 '너머스떼'. _()_

2. 네팔어로 말하기

वहाँको नाम राम हो ।
우하꼬 남 람 호
그의 이름은 람입니다.

मेरो साथीको नाम हरी हो ।
메로 사티꼬 남 허리 호
제 친구의 이름은 허리입니다.

मेरो देशको नाम नेपाल हो ।
메로 데스꼬 남 네빨 호
나의 나라의 이름은 네팔입니다.

तपाइँको देश कोरीया हो ।
떠빠이꼬 데스 꼬리아 호
당신의 나라는 한국입니다.

मरो नाम डेविड होइन ।
메로 남 데비드 호이너
나의 이름은 데비드가 아닙니다.

मेरो देश जापान होइन ।
메로 데스 자빤 호이너
나의 나라는 일본이 아닙니다.

हाम्रो साथीको देश अमेरिका होइन ।
하므로 사티꼬 데스 어메리까 호이너
우리 친구의 나라는 미국이 아닙니다.

तपाइँको नाम के हो ?
떠빠이 꼬 남 께 호 ?
당신의 이름은 무엇입니까?

3. 단어 익히기

म (머) = 나

तपाइँ (떠빠이) = 당신

वहाँ (우하) = 그, 그녀

हामी (하미) = 우리

नाम (남) = 이름

देश (데스) = 나라, 국가

हो / होईन (호 / 호이너) = 입니다 / 아닙니다

साथी (사티) = 친구

जापान (자빤) = 일본

मेरो (메로) = 나의

तपाईको (떠빠이꼬) = 당신의

हाम्रो (하므로) = 우리의

के (께) = 무엇

4. 문법 따라잡기

네팔어는 한국어와 기본적으로 어순이 같으므로 다른 언어에 비해 우리가 배우기 쉬운 언어라고 할 수 있습니다. 앞서 나온 '메로 남 인석 호'를 분석할 경우 '메로=나의', '남=이름', '인석=인석', '호=입니다'가 됩니다. 이와 같이 네팔어를 한번 읽으시고 우리말 뜻을 보시면 어순에 따라 단어의 의미를 유추할 수 있으므로 쉽게 배우고 사용할 수 있습니다.

1) 소유격 표현

네팔어 명사 뒤에 '꼬'를 붙이면 우리나라 '~의'라는 뜻이 됩니다. 그래서 '인석꼬'라고 하면 '인석의'라는 뜻입니다. 그러므로 각종 단어 뒤에 '꼬'를 붙여서 '~의'라는 뜻의 네팔어를 사용할 수 있습니다.

또한 '나, 우리, 당신, 그, 그녀, 그들'과 같은 인칭 뒤에 '꼬'를 붙일 경우 소유격 표현을 할 수도 있습니다. 하지만 머(나), 하미(우리), 우(그) 등의 경우 형태가 조금 달라지기 때문에 따로 익히셔야 합니다.

머 + 꼬 = 메로 (나의)
떠빠이 + 꼬 = 떠빠이꼬 (당신의)
우하 + 꼬 = 우하꼬 (그의)
하미 + 꼬 = 하므로 (우리의)
띠미 + 꼬 = 띠므로 (너의)
우 + 꼬 = 우스꼬 (그의)
우니하루 + 꼬 = 우니하루꼬 (그들의)

2) 입니다 / 아닙니다

명사 뒤에 '호 / 호이너'를 붙이시면 우리말의 '입니다 / 아닙니다'가 됨으로 문장 끝 '호/호이너'를 붙여 긍정문 / 부정문을 표현 할 수 있습니다.

인석 호 = 인석입니다.
인석 호이너 = 인석이 아닙니다.

3) 의문문 만들기

네팔어에는 의문문을 만들기 위해 붙이는 특별한 접미사는 없습니다. 단지 말할 때 문장 끝의 억양을 올림으로서 의문문을 만들 수 있습니다.

인석 호? = 인석입니까?
인석 호이너? = 인석이 아닙니까?

이렇게 첫 번째 네팔어 수업을 공부해 보았습니다. 처음 접하신 분들께는 다소 생소하시겠지만 본 교재를 이용하여 꾸준히 천천히 익히시다 보면 어느새 네팔 사람들과 네팔어로 웃으며 대화하는 실력이 되리라 생각됩니다. 그때까지 모두 열심히 하시기를 응원합니다.

덧붙여 말씀드리는 것은 본 교재를 읽으시다 보면 네팔어에 해당하는 우리말 뜻이 조금씩 어색할 때가 있을 텐데, 이유는 학습하시는 분들이 네팔어를 쉽게 배울 수 있도록 대부분 네팔어 문장을 우리말로 직역해서 그렇습니다. 또한 우리말은 문장에서 주어를 생략하여도 자연스로운 경우가 많은데 네팔어에서는 주어가 들어가야 의미가 통하는 경우가 많기 때문입니다. '나는 갑니다.', '당신의 이름은 무엇입니까?'와 같이 실제로 우리말의 회화에서는 어색한 문장이더라도 네팔어에서는 자연스러운 문장임으로 예문 그대로 사용하실 수 있습니다.

때때로 정확한 의미 전달이 되지 않는 부분이 있다면 따로 부연 설명하도록 할 테니 우리말 문장은 뜻의 의미파악을 위해서만 참고하시고 네팔어 예문을 중점으로 학습하시기 바랍니다.

오늘 하루도 수고 하셨습니다.

02

당신의 집은 어디에 있습니까? (있다 / 없다)

1. 오늘의 한 마디

तपाइँको घर कहाँ छ ?

떠빠이꼬 거르 꺼하 처

तपाइँलाई कस्तो छ ?

떠빠이라이 꺼스또 처

मसंग पैसा छैन ।

머성거 빠이사 처이너

해석

당신의 집은 어디에 있습니까?
당신은 어떻게 지내십니까?
나에게는 돈이 없습니다.

네팔의 민족 구성

네팔은 사실 하나의 나라이지만 남북으로 고도가 60m에서 8850m까지 형성되어 있고, 그 민족과 언어 종류만도 80개가 넘다 보니 사실 '이것이 네팔의 진짜 모습이다'라고 말하기가 무척이나 어렵습니다. 민족이나 지역에 따라 고유의 생활양식과 문화가 천차만별로 존재하기 때문입니다. 예를 들어 떠라이(네팔 남부 평야지역)에 사는 사람들은 주로 피부색이 까맣고 산악지역으로 갈수록 한국사람과 생김새가 비슷한 몽골리안 계통의 민족들을 만날 수 있을 겁니다. 네팔의 수도 카트만두에는 다양한 민족이 모여 살고 있는데 파탄, 박타풀 같은 지역에서는 대부분 네왈족들이 거주하고 있습니다.

2. 네팔어로 말하기

मेरो कलम टेबुलमा छ ।
메로 껄럼 떼블마 처
나의 볼펜은 책상에 있습니다.

मेरो कुकुर घरमा छ ।
메로 꾸꿀 거르마 처
나의 개는 집에 있습니다.

तपाइँसंग पैसा छ ?
떠빠이성거 뻐이사 처?
당신에게는 돈이 있습니까?

छ / छैन ।
처 / 처이너
있습니다. / 없습니다.

हाम्रो गाडी बाहिर छ ।
하므로 가리 바히러 처
우리 차는 밖에 있습니다.

मेरो साईकल तल छ ।
메로 사이클 떨러 처
나의 자전거는 밑에 있습니다.

उसको टोपी झोलामा छ ।
우스꼬 또삐 졸라마 처
그의 모자는 가방에 있습니다.

तिम्रो भाई कहाँ छ ?
띠므로 바이 꺼하 처?
너의 동생은 어디에 있니?

3. 단어 익히기

मेरो (메로) = 나의

कलम (껄럼) = 볼펜

टेबुल (때블) = 책상 (table)

~मा (~마) = ~위에, ~안에

कुकुर (꾸꿀) = 개

खसी (커시) = 염소

कुखुरा (꾸쿠라) = 닭

बंगुर (벙구루) = 돼지

गाई (가이) = 소

घर (거르) = 집

छ/छैन (처 / 처이너) = 있다 / 없다

गाडी (가리) = 차

बाहिर (바히러) = 밖에

भित्र (비뜨러) = 안에

तल (떨러) = 밑에

टोपी (또비) = 모자

झोला (졸라) = 가방

भाई (바이) = 동생

4. 문법 따라잡기

1) ~ 마

다양한 의미를 가지고 있는 '마'는 일반적으로 위치를 표현할 때 사용됩니다. 명사 뒤에 '마'를 붙이면 우리말에서 위치를 나타내는 '~에'의 의미로 사용할 수 있습니다.

a. 거르(집)
거르마 만체 처
집에 사람이 있습니다.

b. 테이블(책상)
테이블마 껄럼 처
책상에 펜이 있습니다.

c. 졸라(가방)
졸라마 끼땁 처
가방에 책이 있습니다.

2) ~ 성거

명사 뒤에 '성거'를 붙이면 '~와 함께' 혹은 '~에게'라는 의미가 있습니다. 구어체에서는 '성거이'를 사용하기도 합니다.

a 머(나)
머성거 껄럼 처
나와 함께 펜이 있습니다.
(나에게)

b 사티(친구)
사티성거 껄럼 처
친구와 함께 펜이 있습니다.
(친구에게)

c. 바트(밥)
바트성거 떨까리 처
밥과 함께 반찬이 있습니다.

3) 처 / 처이너

'처/처이너'는 물건과 사람들 등의 존재를 표현할 때 사용할 수 있습니다. 앞서 예문에서 확인한 것처럼 단순히 명사 뒤에 '처 / 처이너'를 붙여서 '있다 / 없다'를 표현하실 수 있습니다. 회화를 배울 때 '있다, 없다'는 아주 중요한 표현이므로 이것만 알고 계서도 네팔어로 다양한 대화를 하실 수 있을 것 입니다.

a. 빠니(물)
빠니 처?
물 있습니까?

b. 카나(식사)
카나 처?
식사 있습니까?

c. 꺼하(어디)
꺼하 처?
어디에 있습니까?

오늘 하루도 수고 하셨습니다.

03

밥 주세요 (명령형)

1. 오늘의 한 마디

भित्र आउनुस् ।
비뜨러 아우누스

खाना दिनुस् ।
카나 디누스

यता हेर्नुस् ।
예따 헤르누스

해석
안으로 들어오세요.
밥(식사) 주세요.
여기를 보세요.

인사말 너머스떼

1990년에서야 네팔에 민주정부가 들어서고 모든 국민은 평등하다는 헌법 조항이 제정되었습니다. 그리고 전통적으로 내려오던 카스트 제도가 사실상 철폐되었습니다. 하지만 수천 년 동안 내려오던 관습은 쉽게 사라지지 않고 생활 속에 남아 있는 것 같습니다. 오늘은 카스트 제도에 대해서 간략하게 알아보겠습니다. 카스트는 성직자, 왕족이나 무사, 상인, 농부에 해당하는 바훈(브라만), 체뜨리(크샤트리아), 바이샤, 수드라 네 개의 계급으로 나누어지며, 그 안에서도 세부 자뜨(역할)로 나누어집니다. 그런데 이 카스트 계급에도 들어가지 못하여 가장 천대 받는 사람이 바로 달릿(불가촉천민)입니다. 그래서 UN이나 국제기구에서는 달릿에 대한 채용 우대 정책을 펴기도 합니다.

2. 네팔어로 말하기

किताब खोल्नस् ।
끼땁 콜누스
책을 펴보세요.

किताब पढ्नस् ।
끼땁 빠르누스
책을 읽으세요.

ढोका खोल्नुस् ।
도까 콜누스
문을 여세요.

छिटो आउनस् ।
치또 아우누스
빨리 오세요.

खाना खानुस् ।
카나 카누스
밥(식사) 드세요.

अहिले नसुत्नुस् ।
어힐레 너수뜨누스
지금 주무시지 마세요.

नजानुस न ।
너자누스 너
가지마세요.

छिटो जानुस् ।
치또 자누스
빨리 가세요.

3. 단어 익히기

खाना (카나) = 식사

यता (예따) = 여기

किताब (끼땁) = 책

ढोका (도까) = 문

छिटो (치또) = 빨리

अहिले (어힐레) = 지금

आउनु 아우누) = 오다

दिनु (디누) = 주다

हेर्नु (헤르누) = 보다

खोल्नु (콜누) = 열다

पढ्नु (빠르누) = 읽다, 공부하다

सुत्नु (수뜨누) = 자다

जानु (자누) = 가다

4. 문법 따라잡기

오늘은 동사의 명령형을 배워 보겠습니다. 한국어의 동사원형은 '오다', '가다', '보다' 이고, '오다'가 변형되면 '옵니다', '오세요', '올까요?' 등으로 바뀝니다. 같은 원리로 네팔 또한 동사원형은 '~누'로 끝나지만 다양한 형태로 변형됩니다. 그중 명령형으로 변형될 경우 끝이 '~누스' 혹은 '~누호스'로 바뀝니다.

네팔어는 '나', '당신', '그'와 같이 주어에 따라 동사변형 형태가 다릅니다. 네팔어를 배울때 가장 어려운 부분 중 하나이죠. 하지만 오늘 배울 동사의 명령형은 주어와 관계없이 똑같은 규칙을 가지고 있음으로 아주 쉽게 익힐 수 있습니다. 표를 통하여 동사원형을 명령형으로 만드는 방법을 배워 봅시다.

동사원형	한국어	명령형	한국어
카누	먹다	카누스	드세요
자누	가다	자누스	가세요
아우누	오다	아우누스	오세요
헤르누	보다	에르누스	보세요
빠르누	읽다	빠르누스	읽으세요
디누	주다	디누스	주세요
리누	받다	리누스	받으세요

기본적으로는 동사 원형에 '~스'만 붙이시면 간단하게 명령형을 만들 수 있습니다. 그러므로 동사를 많이 외우신다면 쉽게 명령 혹은 부탁할 수 있는 문장을 만들 수 있습니다.

앞으로 배우게 되겠지만 네팔어는 말하는 상대에 따라 존칭의 종류가 다양합니다. 우리말을 할 때처럼 네팔어의 명령형에도 다양한 존칭이 있으므로 신경 써서 사용하여야 합니다. 다음 표를 통해서 명령형의 다양한 존칭을 알아보겠습니다.

네팔어	카	카우	카누스	카누홀라	카이시오스	카이벅시오스
한국어	먹어	먹어	드세요	잡수세요	드시옵소서	수라를 드시옵소서
사용법	하대	반말	존칭	존칭	극존칭	궁중용어

가장 낮은 존칭의 '카'는 아주 낮춰 쓰는 말로 잘 사용하지 않으나 때때로 가스트가 낮은 사람이나 아주 친한 친구끼리는 가끔 사용됩니다. 하지만 외국인으로서는 일반적으로 '카우, 카누스, 카누호스' 정도만 사용하고 나머지는 사용할 일이 거의 없음으로 특별히 신경 쓰지 않아도 됩니다.

네팔에서 오래 살아서 네팔어를 잘하는 외국인은 많지만 그 가운데서도 이와 같이 네팔어의 존칭, 인칭에 따른 동사 변형을 정확하게 쓰는 사람은 많지 않습니다. 외국인이 한국에서 우리말을 배울 때도 존칭과 반말 때문에 배우기 어렵다는 소리를 들은 적이있는데 똑같이 우리도 네팔어를 배울 때 존칭/하대는 어려운 부분인 것 같습니다. 하지만 계속해서 듣고, 연습한다면 어느샌가 자유자재로 네팔어를 말하고 있는 자신을 발견하게 될 겁니다. 어렵지만 인칭, 존칭에 따른 네팔어 변형을 모두 정확하게 사용한다면 다양한 모임에서도 사람들을 사귈 수 있을 것입니다. 하지만 조급해 마시고 천천히 배우시다 보면 어느덧 그날이 올 것입니다.

오늘 하루도 수고 하셨습니다.

04

나는 집이 한 채 있습니다. (소유격 표현)

1. 오늘의 한 마디

तपाइँको कति जना भाई छ ?
떠빠이꼬 꺼띠 저나 바이 처?

मेरो एउटा घर छ ।
메로 에우따 거르 처

तपाइँको मोबाईल नम्बर कति हो ?
떠빠이꼬 모바일 넘벌 꺼띠 호?

해석
당신 동생은 몇 명인가요?
나는 집이 한 채 있습니다.
당신 휴대폰 전화번호가 몇 번이죠?

휴대 전화 사용

21세기를 맞이하며 네팔도 큰 변화들이 있었는데 그중 하나가 바로 통신의 발전입니다. 2000년 전까지는 모바일(휴대전화) 사용 인구가 극소수에 불과했지만 2000년이 지나면서 사용 인구가 조금씩 늘어나더니 현재는 수도인 카트만두의 경우 대부분의 사람이 모바일을 가지고 있을 정도입니다. 사실 네팔 노동자의 한 달 평균 임금이 100$정도라고 볼 때 모바일 구입 비용은 한 달 월급을 모두 써야 할 만큼 고가이지만 시대의 흐름을 막을 순 없나 봅니다. 지금도 뉴로드나 큰 쇼핑센터에 가면 한 집 건너 한 집이 모바일 상점인 것을 볼 때 네팔의 변화를 느낄 수 있습니다. 요즘은 에베레스트 베이스캠프(5300m)에서도 모바일이 터진다고 합니다.

2. 네팔어로 말하기

मेरो घरमा तीन वटा कोठा छ ।
메로 거르마 띤 워따 꼬타 처
나의 집에는 3개의 방이 있습니다.

मेरो बुवाको दुई वटा गाडी छ ।
메로 부아꼬 두이 워따 가리 처
나의 아버지는 2대의 차가 있습니다.

तपाइँको कति जना दाजुभाई छ ?
떠빠이꼬 꺼띠 저나 다주바이 처?
당신은 몇 명의 형제가 있습니까?

वहाँको तीन जना दिदीबहिनी छ ।
우하꼬 띤 저나 디디버히니 처
그는 3명의 여자 형제가 있습니다.

मेरो एउटा पनि साथी छैन ।
메로 에우따 뻐니 사티 처이너
나는 한명의 친구도 없습니다.

तपाइँको कतिवटा मोबाईल छ ?
떠빠이꼬 꺼띠워따 모바일 처?
당신은 몇 개의 휴대폰이 있습니까?

यो नोट कति रुपैयाको हो ?
요 노뜨 꺼띠 루삐야꼬 호?
이 공책은 몇 루피입니까?

मेरो कोठामा दुईवटा टेबुल र तीनवटा मेच छ ।
메로 꼬타마 두이워따 테이블 러 띤워따 메쯔 처
나의 방에는 책상 2개 그리고 의자 3개가 있습니다.

तपाइँसंग कति पैसा छ ?
떠빠이성거 꺼띠 빠이사 처?
당신은 돈이 얼마나 있습니까?

वहाँको धेरै केटी साथी छ ।
우하꼬 데레이 깨띠 사티 처
그는 여자 친구가 많이 있습니다.

3. 단어 익히기

घर (거르) = 집

कोठा (꼬타) = 방

बुवा (부아) = 아버지

आमा (아마) = 어머니

गाडी (가리) = 자동차

कति (꺼띠) = 얼마

दाजुभाई (다주바이) = 형제

दिदीबहिनी (디디버히너) = 여자 형제

मोबाईल (모바일) = 휴대폰

मेच (메쯔) = 의자

केटी साथी (개띠 사티) = 여자 친구

केटा साथी (깨따 사티) = 남자 친구

एक/एउटा (엑/요우따) = 1 / 한 개
दुई/दुईटा (두이 / 두이따) = 2 / 두 개
तीन/तीनटा (띤 / 띤따) = 3 / 세 개
चार/चार वटा (짜르 / 짜르 워따) = 4 / 네 개
पाँच/पाँच वटा (빠츠/ 빠츠워따) = 5 / 다섯 개
छ/छ वटो (처 / 처 워따) = 6 / 여섯 개
सात/सात वटा (사트 / 사트 워따) = 7 / 일곱 개
आठ/ आठ वटा (아트 / 아뜨 워따) = 8 / 여덟 개
नौ/नौ वटा (노우 / 노우 워따) = 9 / 아홉 개
दश/दश वटा (더스 / 더스워따) = 10 / 열 개

4. 문법 따라잡기

언어를 배우다 보면 왜 이렇게 말을 할까 하는 의문이 들 때도 있지만 대부분에 문법은 이유가 없습니다. 단순한 규칙이다 보니 그냥 외워서 사용하여야 되는 경우가 대부분입니다. 그래서 언어 공부가 지겨워질 때도 있습니다. 하지만 문법을 확실히 익혀서 정확한 네팔어로 대화를 할 때면 때로는 스스로 만족감도 느낄 수 있으니 힘내시기 바랍니다.

지난 수업에서 네팔어는 다양한 인칭과 존칭에 따라 동사가 변형되어 배우기 어렵다는 말을 하였는데 이번 수업에서는 반대로 네팔어가 쉬운 이유를 수업을 통해 알려드리겠습니다.

바로 '수사' 때문인데요, 한국어로 병을 헤아릴 때는 '몇 병', 자동차의 경우는 '몇 대', 종이의 경우는 '몇 장', 아파트의 경우는 '몇 동' 등 수량을 나타내는 수사가 매우 많습니다. 한국어를 배우려면 숫자만 알아서 되는 것이 아니라 뒤에 따르는 '수사'도 따로 배워야 하는 것은 당연합니다. 중국어, 일본어도 예외 없이 다양한 수사를 가지고 있습니다. 하지만 네팔어에서는 걱정할 필요가 없습니다. 일반적으로 사용하는 수사가 많이 없기 때문입니다. 다음은 네팔에서 주로 사용하게 될 '수사'입니다.

1) ~워따 / ~개

일단 가장 많이 사용하는 '~워따'입니다. 숫자 '엑, 두이, 띤, 짜르, 빠쯔…' 뒤에 워따만 붙여 사용하면 됩니다. 그중 한 개, 두 개, 세 개 까지는 '엑 워따', '두이 워따', '띤

워따'에로 사용하기도 하지만 '에우따, 두이따, 띤따'와 같이 줄여서 사용하는 경우가 많습니다.

2) ~저나 / **~명**

사람의 경우 '~저나'를 사용하지만 부모가 자녀를 말할 때나 친한 친구끼리는 '~워따'를 사용하기도 합니다. 자식에게 워따를 사용하더라도 우리말로 딸이 2개, 아들이 2개라는 의미가 아니므로 알아서 들으셔야 합니다. 그냥 가까운 사이일 경우에는 사람에게도 '워따'를 사용할 수 있으나, 우리는 사람일 경우 무조건 '~저나'를 사용하는 것이 안전합니다.

3) ~시시 / **~병**

병을 뜻하는 네팔 말로 '~시시'를 사용하지만 일반적으로 상점이나 식당에서는 '엑 보틀', '두이 보틀'과 같이 영어를 그대로 사용하기도 합니다.

4) ~벋따 / **~포대**

쌀, 곡식 등 포대와 같이 무엇을 담는 큰 용기, 봉투를 의미할 때 사용 합니다.

5) ~뚜끄라 / **~ 조각**

고기 몇 조각 등 조각과 같이 작은 형태를 세아릴 때 사용 합니다.

이외에는 특별히 사용되는 수사가 없음으로 어렵지 않으리라 생각됩니다. 혹시 이것도 많다 하시는 분께는 더 쉬운 방법을 알려 드리겠습니다. 바로 병, 포대, 조각 등 모든 것에 각각의 수사가 아닌 '워따'를 사용하셔도 무방하다는 것입니다. 아니면 그냥 영어를 그대로 사용하셔도 됩니다. 엑 피스(한 조각), 엑 컵(한 잔), 엑 페이퍼(한 장) 등과 같이 사용하여도 전혀 의사소통에 문제가 없습니다.

오늘 하루도 수고 하셨습니다.

05

나는 한국을 좋아합니다. (좋아하다)

1. 오늘의 한 마디

मलाई कोरीया मन पर्छ ।
멀라이 꼬리아 먼 빠르처

मलाई रक्सी मन पर्दैन ।
멀라이 럭시 먼 빠르더이너

नेपाली खानामा दालभात सबभन्दा मन पर्छ ।
네팔리 카나마 달받 섭번다 먼 빠르처

해석

나는 한국을 좋아합니다.
나는 술을 좋아하지 않습니다.(싫어합니다.)
네팔 음식 중 달받을 가장 좋아합니다.

외국인에 대한 호기심

네팔 사람들에게 외국인은 여전히 알고 싶은 대상인가 봅니다. 대표적인 관광국가로서 해마다 수많은 관광객들이 전 세계에서 찾아 오는 것을 보면 이들에게 외국인은 그리 낯설지 않을 사람 일텐데 뭐가 그리 궁금한 게 많은지 항상 물어보는 것들이 있습니다. 네팔 음식 좋아하느냐? 네팔 좋으냐? 그럼 네팔 사람이랑 결혼할거냐? 이런 종류의 질문들은 예나 지금이나 변함없는 레퍼토리입니다. 한 글자도 틀리지 않고 어찌 그리 똑같은 질문을 할 수 있는지 들을 때 마다 항상 웃습니다. 때론 똑같은 질문에 귀찮을 때도 있지만 저도 항상 같은 대답입니다. '나 네팔 음식 엄청 좋아하고, 네팔이 좋아서 여기서 살고 있고, 여자나 제발 좀 소개해 주고 말씀하세요.'

2. 네팔어로 말하기

मेरो साथीलाई कोरीयन खाना एकदम मन पर्छ ।
메로 사티라이 꼬리안 카나 엑덤 먼 뻐르처
나의 친구는 한국 음식을 굉장히 좋아합니다.

वहाँलाई आइसक्रिम मन पर्छ ।
우하라이 아이스크림 먼 뻐르처
그는 아이스크림을 좋아합니다.

तर मलाई मन पर्दैन ।
떠러 멀라이 먼 뻐르더이너
그러나 저는 좋아하지 않습니다.

मलाई नेपाली वियर मन पर्छ ।
멀라이 네팔리 비얼 먼 뻐르처
나는 네팔 맥주를 좋아합니다.

तपाइँलाई कुन वियर मन पर्छ ?
떠빠이라이 꾼 비얼 먼 뻐르처?
당신은 무슨 맥주를 좋아합니까?

तपाइँलाई कुन किसिमको फिल्म मन पर्छ ?
떠빠이라이 꾼 끼심꼬 필름 먼 뻐르처?
당신은 어떤 종류의 영화를 좋아합니까?

तपाइँलाई कुन देशको खाना मन पर्छ ?
떠빠이라이 꾼 데스꼬 카나 먼 뻐르처?
당신은 어떤 나라의 음식을 좋아합니까?

मलाई आलुको तरकारी मन पर्छ ।
멀라이 알루꼬 떨까리 먼 뻐르처
나는 감자 반찬을 좋아합니다.

मलाई फलफूलमा आँप मन पर्छ ।
멀라이 펄풀마 압 먼 뻐르처
저는 과일 중에 망고를 좋아합니다.

3. 단어 익히기

मन (먼) = 마음
मन पर्छ (먼 빠르처) = 좋아하다
मन पर्दैन (먼 빠르더이너) = 좋아하지 않다
मलाई (멀라이) = 나는
तपाइलाई (떠빠이라이) = 당신은
रक्सी (럭시) = 술
एकदम (엑덤) = 굉장히
बियर (비열) = 맥주 (Beer)
नेपाली (네팔리) = 네팔의, 네팔 사람
कुन (꾼) = 무엇
किसिम (को) (끼심(꼬)) = 종류(의)
फिल्म (필름) = 영화 (film)
देश (데스) = 나라
खाना (카나) = 음식
फलफूल (펄풀) = 과일
आँप (압) = 망고
तरकारी (떨까리) = 반찬
आलु (알루) = 감자
तर (떠러) = 그러나
सबभन्दा (섭번다) = 가장, 최고로

4. 문법 따라잡기

오늘은 '좋아하다'는 말을 배워 보겠습니다. 네팔어로는 '먼 빠르처'라고 말합니다. '먼'의 뜻은 마음이고 '빠르처'의 뜻은 다양하나 여기서는 (마음이) 가다, 쓰이다 정도의 의미로 사용됩니다. 마음이 감으로 네팔어로 '먼 빠르처'는 좋아한다는 말이 됩니다.

그런데 여기서 약간 어려운 부분이 있습니다. 바로 '멀라이', '떠빠이라이'라는 말입니다. 앞에서 '머=나', '떠빠이 = 당신'이라고 배웠는데 거기다가 '~라이'가 붙습니다. '라이'의 뜻은 '누구에게'라는 뜻이 있는데 무엇을 좋아하는 사람이 누구인지 바로 좋아하는 사람뒤에 '라이' 붙입니다. 한국어의 '은, 는'에 해당하는 조사쯤으로 생각하면 편합니다.

그래서 '나는 한국을 좋아한다.'라고 말하려면 내가 한국을 좋아하는 것 임으로 주어 '나' 뒤에 '라이'를 붙여야 합니다. 하지만 '나'에 해당하는 '머' 뒤에 라이를 붙일 경우 '머라이'가 아닌 '멀라이'가 됩니다. 이외에도 인칭에 따라 조금씩 달라집니다.

- 머 + 라이 = 멀라이
- 떠빠이 + 라이 = 떠빠이라이
- 우하 + 라이 = 우하라이

- 멀라이 코리아 먼 빠르처 (O)
- 머 　　코리아 먼 빠르처 (X)

'좋아한다'와 더불어 배고픔, 부끄러움 등과 같은 감정, 상태를 나타내는 말을 할 때에도 주어 '머' 뒤에 '라이'를 붙여서 사용하여야 합니다.

예) 멀라이 보끄라교 = 저는 배가 고픕니다.
멀라이 라즈라교 = 저는 부끄럽습니다.
멀라이 링거타라교 = 저는 어지럽습니다.

마지막으로 외국인들이 많이 실수를 하는 문장을 배우면서 오늘 수업을 마무리 하겠습니다. 흔히 실수하게 되므로 신경 써서 말하기 바랍니다.

예) 나는 당신을 좋아합니다.
멀라이 떠빠이 먼 빠르처 (O)
머 떠빠이라이 먼 빠르처 (X)

오늘 하루도 수고 하셨습니다.

06

잘 지내세요? (문안하기)

1. 오늘의 한 마디

तपाइँलाई सञ्चै छ ?
떠빠이라이 선쩌이 처?

मलाई सञ्चै छ ।
멀라이 선쩌이 처

तपाइँलाई कस्तो छ ?
떠빠이라이 꺼스또 처?

해석
당신은 잘 지내세요?
나는 잘 지내요.
당신은 어떻게 지내요?

네팔사람과 인사하기

네팔에서 회사 동료나 친구를 만나면 주로 악수를 합니다. 악수를 하면서 '잘 지냈어? 어떻게 지내?' 등 간단한 인사를 나누게 되죠. 한국에서 아무래도 고개를 숙이며 인사하는 것이 익숙한지라 네팔에서 악수에 익숙해지는데 시간이 많이 걸렸습니다. 눈은 마주쳤는데 내가 먼저 손을 내밀어야 할지 아니면 상대방이 손을 내밀 때까지 기다려야 할지 고민할 수 밖에 없는 것 같습니다. 많은 시행착오를 겪고 악수에 익숙해지니 이제는 또 허깅이 문제가 되네요. 주로 서양의 여성을 만날 때 인사로 하게 되는 허깅, 아직도 타이밍을 잘 잡지 못하고 쭈뼛쭈뼛 하게 되는 것을 보면 인사라는 것이 말만 외워서 하는 것이 아니라 그나라에 문화와 관습을 익혀야 하는 것 같습니다.

2. 네팔어로 말하기

सञ्चै हुनुहुन्छ ?
선쩌이 후누훈처?
잘 지내세요?

सञ्चै छु ।
선쩌이 추
잘 지내요.

कस्तो हुनुहुन्छ ?
꺼스또 후누훈처?
어떻게 지내요?

ठिक छ ।
틱 처
괜찮아요.(잘 지내요.)

ठिकै छ ।
틱꺼이 처
그저 그래요.

धेरै राम्रो छ ।
데레이람므로처
아주 좋아요.

आराम हुनुहुन्छ ?
아람 후누훈처?
평안하세요?

आराम छु ।
아람 추
평안해요.

नभेटेको धेरै दिन भयो ।
너베떼꼬 데레이 딘 버요
만난지 오래 되었네요.(오랜만이네요.)

भेटेर खुसी लाग्यो ।
베떼러 쿠시 라교
만나서 행복합니다.(반갑습니다.)

फेरी भेटौंला ।
페리 베또울라
또 만나요.

3. 단어 익히기

धेरै (데레이) = 마음

दिन (딘) = 날 / 일

भयो (버요) = 되었다

आराम (아람) = 평안

कस्तो (꺼스또) = 어떻게

4. 문법 따라잡기

이번 수업에서 배울 표현은 문법적으로는 지금 배우기 어렵다고 할 수 있습니다. 만나다의 동사원형 '베뜨누'가 '베떼러, 베또울라, 베떼꼬' 등으로 변형된 문형이 나오기 때문입니다. 하지만 오늘 배우는 문장은 일상회화에서 자주 표현하는 문장들이므로 문법적 내용은 다음에 따로 배우기로 하고 '오늘의 한마디', '네팔어로 말하기'의 문장을 통째로 외워서 사용하는 것이 쉬울 듯합니다. 뒤에 왜 이런 문장이 만들어지는지 다시 배울게 될 것입니다.

예문을 읽으시면서 이번 수업에서 배울 내용을 미리 파악하신 것 처럼 이번 장에서는 친구들, 혹은 사람들을 만날 때 하는 인사를 배웁니다. 네팔 사람 누구를 만나도 사용하실 수 있죠.

다른 건 그냥 그대로 사용하시면 되고, 한 가지만 기억할 것은 '선쩌이 처?'는 '잘 지내요?' 정도의 일반적 표현이고 문장 끝에 '후누훈처?'를 붙여 사용할 경우에는 '잘 지내시나요?'와 같은 존칭 표현입니다. 그리고 '썬저이 처?'로 물으면 '썬쩌이 처'로 대답하고 '썬쩌이 후누훈처'로 물을 때는 '썬쩌이 추'로 대답합니.

1) 안부 묻기 1

Q : 선쩌이 후누훈처? (잘 지내십니까?)
A : 선쩌이 추 (잘 지냅니다.)
Q : 선쩌이 처? (잘 지내요?)
A : 선쩌이 처 (잘 지내요.)

2) 안부 묻기 2

Q : 아람(어이) 후누훈처? (평안하십니까?)
A : 아람(어이) 추 (평안합니다.)
Q : 아람(어이)? (평안해요?)
A : 아람(어이) (평안해요.)

언어를 배울 때 문법은 굉장히 중요한 역할을 하지만 개인적 경험에 의하면 처음

회화를 배울 때는 문법을 신경 쓰기보다는 최대한 많은 예문을 통째로 외워서 실전에서 사용하는 것이 가장 효과적인 학습 방법 이였습니다. 물론 나중에 정확한 문법이 필요하겠지만 지금은 예문을 그대로 외워서 사용하는 것이 가장 좋은 방법이 아닐까 합니다.

사진으로 떠나보는 네팔 여행

▲ 비행기에서 바라 본 카트만두 시내

오늘 하루도 수고 하셨습니다.

07

배고파요. (감정표현)

1. 오늘의 한 마디

मलाई भोक लाग्यो ।
멀라이 보끄 라교

मेरो पेट दुख्यो ।
메로 배뜨 두쿄

वहाँ बिरामी हुनुहुन्छ
우하 비라미 후누훈처

해석

나는 배가 고파요.
나의 배가 아픕니다.
그는 아픕니다.

감사의 말

네팔 사람들은 '감사합니다.', '미안합니다.'라는 뜻의 네팔어 '던야받', '마푸 거르누스'를 잘 사용하지 않습니다. 몇몇 분들은 네팔 사람이 '감사합니다.', '미안합니다.'라는 말을 잘 쓰지 않으므로 굉장히 인색한 사람들로 생각하기도 합니다. 하지만 실제로 '던야받'을 한국어로 번역하면 '감사합니다.'가 아닌 '굉장히 감사합니다.'가 되고 '마푸 거르누스'를 번역하면 '미안합니다.'가 아닌 '정말로 정말 죄송합니다.' 정도가 될 것입니다. 영어 '땡큐'나 '쏘리'는 조금 더 가볍게 사용되고요. 이러한 차이를 잘 모른 채 '마푸 거르누스'를 남발할 경우 당황하는 네팔 사람들을 볼 수 있을 것입니다. 그러니 네팔어를 사용함에도 상황에 따라 가볍게 '땡큐', '쏘리'를 가볍게 사용하셔도 괜찮습니다.

2. 네팔어로 말하기

अहिले मेरो टाउको दुख्यो ।
어힐레 메로 따우꼬 두큐
지금 나의 머리가 아픕니다.

हिजो राती उसको पेट एकदम दुख्यो ।
히조 라띠 우스꼬 배뜨 엑떰 두큐
어제 저녁 그의 배가 많이 아팠습니다.

आज मलाई सन्चो छैन ।
아저 멀라이 선쪼 처이너
오늘 나는 몸이 안좋습니다.

वहाँलाई धेरै पिर पऱ्यो ।
우할라이 데레이 삐르 뻐료
그는 고민이 생겼습니다.

यो खाना कस्तो लाग्यो ?
요 카나 꺼스또 라교?
이 음식은 어떠합니까?

वहाँको खुट्टा राती राती दुख्छ ।
우하꼬 쿧다 라띠 라띠 둑처
그의 발은 밤마다 아픕니다.

नेपाल कस्तो लाग्यो ?
네팔 꺼스또 라교?
네팔은 어떠합니까?

यो खाना मलाई मिठो लाग्यो ।
요 카나 멀라이 미토 라교
이 음식이 나는 맛있습니다.

व्यस्त छ ?
베스떠 처
바쁩니다.

फुर्सद छ ?
풀선 처
여유롭습니다.(한가합니다.)

3. 단어 익히기

रामो (람므로) = 좋은

व्यस्त (베스떠) = 바쁜

फुर्सद (풀선) = 여유로운

मिठो (미토) = 맛있다

पिरो (삐로) = 맵다

टाउको (따우꼬) = 머리

खुट्टा (쿧다) = 발

हात (하뜨) = 손

जीउ (지우) = 몸

पेट (배뜨) = 배

4. 문법 따라잡기

이번 수업에서는 감정 혹은 상태를 나타내는 동사를 배우겠습니다. 네팔어로는 '두크누', '라그누', '빠르누'로 표현합니다. 이 동사는 워낙 많이 쓰이는 단어이기 때문에 지금은 간략히 사용법만 배우고 책 후반부에서 각 동사별로 챕터를 정해서 다시 배우도록 하겠습니다. 그만큼 네팔어에 있어서는 중요한 단어이고 다양한 표현을 할 수 있는 동사라고 할 수 있습니다.

1) 두크누(아프다)

구분	긍정형	부정형
과거	두쿄	두케너
현재	둑처	둑더이너
현재완료	두케꼬처	두케꼬처이너

2) 라그누((느낌)~하다)

구분	긍정형	부정형
과거	라교	라게너
현재	락처	락더이너
현재완료	라게꼬처	라게꼬처이너

3) 빠르누((일, 사건)~생기다)

구분	긍정형	부정형
과거	빠료	빠레너
현재	빠르처	빠르더이너
현재완료	빠레꼬처	빠레꼬처이너

일반적으로 '배고프다', '머리가 아프다' 등은 과거형으로 '보끄 라교', '따우꼬 두 교'로 사용하지만 '배고프지 않다', '머리가 아프지 않다'는 현재완료형의 부정형인 '보끄 라게꼬 처이너', '따우꼬 두케꼬 처이너'로 사용됩니다. 그리고 감정 혹은 상태를 나타내는 동사이기에 앞서 배웠던 '빠르누' 동사 활용처럼 주어 뒤에 '라이'가 붙는다는 것도 명심하세요.

사진으로 떠나보는 네팔 여행

▲ 네왈족 소녀들의 성년식(바라하)

오늘 하루도 수고 하셨습니다.

08

이건 얼마나 하나요? (가격 묻기)

1. 오늘의 한 마디

यसको कति पर्छ ?

예스꼬 꺼띠 빠르처?

कति हो ?

꺼띠 호?

किलोको कसरी हो ?

낄로꼬 꺼서리 호?

해석

이건 얼마나 하나요?
얼마예요?
1킬로그램에 어떻게 합니까?

네팔에서 물건 사기

이제는 네팔에서도 정찰제로 판매하는 상점을 많이 볼 수 있지만 여전히 흥정이 가능한 상점이 많습니다. 그러다 보니 기념품 가게나 기타 상점에서 물건을 살 때 처음 주인이 말한 가격에서 적당하게 깎아서 사는 것이 일반 적입니다. 외국인이 많이 찾는 터멜이나 킹스웨이의 기념품점에서는 가끔 터무니없이 높은 가격을 부를 때가 있으니 한 곳에서 바로 사는 것 보다는 몇몇 상점을 둘러보고 물건을 사는 것이 좋습니다. 한국이나 네팔이나 장사하는 사람들의 거짓말은 똑같습니다. '나 이거 손해 보면서 파는 거다.' 하지만 이런 말을 들으면서라도 물건을 구입한 경우라면 절대 주인이 손해 본 상황은 아닐 겁니다. 하지만 가끔 너무 열심히 깎다 보면 주인이 화를 내는 경우가 있는데 그때는 정말 원가 이하로 깎은 경우이니 너무 무리하지 마세요.

2. 네팔어로 말하기

यो स्याउको कति पर्छ ?
요 샤우꼬 꺼띠 뻐르처?
이 사과는 얼마나 하나요?

एक किलो चिनीको कति पर्छ ?
엑 낄로 찌니꼬 꺼띠 뻐르처?
설탕 1킬로에 얼마나 하나요?

एक सिसी कोकको कति हो ?
엑 시시 꼬끄꼬 꺼띠 호?
콜라 1병에 얼마입니까?

एक सिसी कोकको बीस रुपैया पर्छ ।
엑 시시 꼬끄꼬 비스 루피아 뻐르처
콜라 1병에 20루피입니다.

नेपालमा एक किलो आँपको पचास रुपैया पर्छ ।
네팔마 엑 낄로 압꼬 뻐짜스 루피아 뻐르처
네팔에는 망고 1킬로에 50루피입니다.

नेपालमा आँप सस्तो छ ।
네팔마 압 서스또 처
네팔에는 망고가 쌉니다.

कोरीयामा आँप महंगो छ ।
꼬리아마 압 머헝고 처
한국에는 망고가 비쌉니다.

नेपालमा फलफूल सस्तो छ कि महंगो छ ?
네팔마 펄풀 서스또 처 끼 머헝고 처?
네팔에는 과일이 싸나요? 비싸나요?

कोरीयामा गाडी सस्तो छ तर नेपालमा महंगो छ ।
코리아마 가리 서스또 처 떠러 네팔마 머헝고 처
한국에는 자동차가 쌉니다. 그러나 네팔에는 비쌉니다.

यो मुला किलोको कसरी हो ?
요 물라 낄로꼬 꺼서리 호 ?
이 무는 1킬로에 어떻게 하나요?

3. 단어 익히기

कति (꺼띠) = 얼마

कसरी (꺼서리) = 어떻게

स्याउ (샤우) = 사과

आँप (압) = 망고

यसको (예스꼬) = 이것

किलो (낄로) = 킬로 (kg)

कोक (꼬끄) = 콜라 (coke)

फलफुल (펄풀) = 과일

महंगो (머헝고) = 비싸다

सस्तो (서스또) = 싸다

तर (떠러) = 그러나

कि (끼) = 혹은

गाडी (가리) = 자동차

मुला (물라) = 무

4. 문법 따라잡기

1) 가격 묻기

한국어에도 가격을 묻는 방법은 다양합니다. '얼마예요?', '얼마나 하나요?', '어떻게 하나요?' 마찬가지로 네팔어에도 가격을 묻는 방법은 다양하죠. 오늘은 네팔어로 가격을 묻는 방법을 배우겠습니다.

일반적으로 사용하는 가격 묻는 표현은 다음과 같이 세가지가 있습니다.

a. 꺼띠 호?
얼마예요?

b. 꺼띠 빠르처?
얼마나 하나요?

c. 꺼서리 호?
어떻게 되나요?

이 표현에서 때로는 '꺼띠?', '꺼서리?' 와 같이 '호'를 생략하고 사용할 수도 있습니다. 하지만 어느 언어에서든지 말이 길 수록 정중한 표현인 경우가 많으니 상황에 맞게 사용하시는 것이 좋습니다.

2) 접속사

기본적으로 아래의 네 가지 정도의 접속사를 알고 계시면 무리 없이 일상 대화를 사용할 수 있습니다. 이외에 고급 접속사들은 다양한 문법을 배우면서 만들어 낼 수 있습니다.

러 = 그리고 = and
끼 = 혹은 = or
떠러 = 그러나 = but
떼서이레 = 그래서 = so that

오늘 하루도 수고 하셨습니다.

09

집에서는 히말이 보입니다. (수동태 표현)

1. 오늘의 한 마디

मेरो घरबाट हिमाल देखिन्छ ।
메로 거르바터 히말 데킨처

यो पसलमा तरकारी पाइन्छ ?
요 뻐설마 떨까리 빠인처?

नेपालमा गाईको मासु खाईंदैन ।
네팔마 가이꼬 마수 카이더이너

해석

나의 집에서는 히말이 보입니다.
이 가게에서 반찬이 구해집니까?(있습니까?)
네팔에는 소고기가 먹어지지 않습니다.(안먹습니다.)

히말라야의 봉우리들

네팔에서 브랜드 가치가 가장 큰 것이 있다면 단연 에베레스트가 아닐까 생각합니다. 에베레스트는 1952년 영국의 지리학자 죠지 에베레스트의 이름을 따서 붙인 이름이지만, 현지인(셀파)들은 '초모랑마'('대지의 여신'란 뜻의 티베트어)라고 부르고 네팔인들은 '서거르마타('세계의 지붕'이라는 뜻)'로 부릅니다. 네팔에는 에베레스트 이외에도 다울라기리, 안나푸르나, 초오유, 마나슐루, 로체, 마칼루, 칸첸중가 등과 같이 많은 고봉들이 위치해 있으며 전세계 8000m 이상급 고봉 14개 중 8개가 네팔에 있는 것을 볼 때 네팔은 명실상부 히말라야의 나라라 할 수 있습니다. 네팔은 이러한 환경으로 히말라야 트레킹을 위해 세계 곳곳에서 해마다 많은 사람들이 방문하고 있고, 한국에서도 연간 2만 명 이상의 사람들이 네팔을 찾고 있습니다.

2. 네팔어로 말하기

चाहिन्छ ? चाहिदैन ?
짜힌처? 짜히더이너?
필요해요? 필요 없어요?

नेपालमा हुन्डाई गाडी पाइन्छ ।
네팔마 훈다이 가리 빠인처
네팔에는 현대차를 구할 수 있습니다.

नेपालमा गाडी बनाईदैन ।
네팔마 가리 버나이더이너
네팔에서는 자동차가 만들어지지 않습니다.

अहिले मलाई भोक लाग्यो । त्यसकारण मलाई खाना चाहिन्छ ।
어힐레 멀라이 보끄 라교 떼스까런 멀라이 카나 짜힌처
지금 나는 배고픕니다. 그래서 나는 밥이 필요합니다.

वहाँलाई अहिले भोक लाग्यो रे ।
우하라이 어힐레 보끄 라교 래
그는 지금 배고프대요.

कोरीयामा आँप फल्दैन ।
코리아마 압 펄더이너
한국에는 망고가 열리지 않습니다.

काठमाण्डौबाट एभरेष्ट देखिन्छ ।
카트만두바터 에베레스트 데킨처
카투만두에서 에베레스트가 보입니다.

तर अन्नपूर्ण देखिदैन ।
떠러 안나푸르나 데키더이너
그러나 안나푸르나는 보이지 않습니다.

3. 단어 익히기

कुखुरा (꾸쿠라) = 닭

मासु (마수) = 고기

कहाँ (꺼하) = 어디

तरकारी (떨까리) = 반찬

हुन्डाइ (훈다이) = 현대자동차 (Hyundai)

लुगा (루가) = 옷

यो (요) = 이것

त्यो (뚀) =저것

अहिले (어힐레) = 지금

पहिले (뻐힐레) = 예전

पछि (뻐치) = 다음

बनाउनु (버나우누) = 만들다

फल्नु (펄누) = (과일) 열리다

त्यसकारण (떼스까런) = 그래서

4. 문법 따라잡기

1) 수동태

이번 수업에서는 수동태 문장을 배우겠습니다. 앞에서 나오는 동사 '데킨처', '짜힌처' 등은 동사원형 '테크누', '짜허누'에서 수동태로 변형된 것입니다. 동사원형의 의미는 '보다', '원하다, 필요하다'인데 수동태로 변형되면서 '보이다', '필요해지다'로 바뀝니다.

아래 표를 통해서 어떻게 변형되는지 살펴보겠습니다.

동사원형	한국어	수동태	한국어
빠우누	구하다	빠이누	구해지다
카누	먹다	카이누	먹히다
테크누	보다	테키누	보이다

그래서 '요 뻐설마 마수 빠인처?' 라고 물으면 '이 가게에 고기 있어요?'라는 의미이지만 정확히 해석하면 '이 가게에서 고기 구해질 수 있어요?'정도가 됩니다.

'빠인처'의 부정형은 '빠이더이너'입니다. '카인처'의 부정형은 '카이더이너', '데킨처'의 부정형은 '데키더이너'입니다. 눈치 빠른 분은 벌써 규칙을 알아내셨겠지만 문장(동사) 끝이 '~ㄴ처'로 끝나는 말의 부정형은 '~더이너'입니다.

2) ~래

그리고 오늘은 한국인이 배우기 쉬운 네팔어 표현을 한 가지 더 배우면서 수업을 마치겠습니다. 네팔 말 중 문장 끝에 '~래'라는 단어를 붙여 어딘가에서 들은 이야기를 다른 사람에게 전할 때 사용하는 용법이 있습니다. 한국 사람은 배우기가 아주 쉽습니다.

왜냐하면 제한적이긴 하지만 한국어에도 있으니까요, 저사람 남자래, 물가가 비싸더래, 팬티가 검정색이래 … 등등. 네팔 말에서는 모든 문장 뒤에 붙일 수 있습니다.

띠요 만체 깨따 래 (저사람 남자래)
뻐이샤 처이너 래 (돈이 없대)
거르바터 히말 데킨처 래 (집에서 히말이 보인대)

한국에서는 '~래' 표현은 가까운 사람이나 친구 등 반말을 하는 사이끼리 사용할 수 있지만 네팔어로는 반말이 아니므로 어른이든, 친구든 누구에게나 사용할 수 있습니다.

오늘 하루도 수고 하셨습니다.

10

아픕니다. (자격, 상태)

1. 오늘의 한 마디

म बिरामी छु ।
머 비라미 추

मेरो दाई अग्लो हुनुहुन्छ ।
메로 다이 어글로 후누훈처

म दुब्लो छु ।
머 두브로 추

해석
나는 아픕니다.
우리 형은 키가 큽니다.
나는 말랐습니다.

네팔 아줌마

대체로 네팔인의 체형은 키가 작고 마른편입니다. 하지만 일반적인 체형에서 벗어나는 사람들이 있는데요. 바로 '아줌마'입니다. 결혼한 네팔 여성들은 주로 배가 많이 나오고 뚱뚱해지는 경향이 있는데 이것에 대한 여러 가지 이야기를 들었습니다. 예전부터 네팔 여성들은 전통 옷인 '사리'를 입으면서 배를 내 놓는데 배가 많이 나올수록 부유함을 나타내기에 일부로 배에 살을 찌운다는 이야기, 저녁을 늦게 먹고 바로 자는 습관이 있는데 그것 때문에 배가 나온다는 이야기도 있고, 아무튼 어떤 이야기가 맞는지는 모르지만 배가 심하게 나온 아줌마들을 이곳에서 많이 볼 수 있습니다. 물론 일반적으로 그렇다는 말이고 모든 사람이 그렇지는 않습니다. 네팔에서 확인해 보세요.

2. 네팔어로 말하기

म नेपालमा छु ।
머 네팔마 추
나는 네팔에 있습니다.

म भारतमा छैन ।
머 바럳마 처이너
나는 인도에 없습니다.

अहिले मेरो साथी कोरीयामा हुनुहुन्छ ।
어힐레 메로 사티 꼬리아마 후누훈처
지금 나의 친구는 한국에 있습니다.

तपाईंको बुवाआमा कहाँ हुनुहुन्छ ।
떠빠이꼬 부아아마 꺼하 후누훈처?
당신의 부모님은 어디에 계십니까?

मेरो बुवाआमा अमेरीकामा हुनुहुन्छ ।
메로 부아아마 어메리까마 후누훈처
나의 부모님은 미국에 계십니다.

मेरो बुवा अग्लो हुनुहुन्छ ।
메로 부아 어글로 후누훈처
나의 아버지는 키가 크십니다.

तर आमा होचो हुनुहुन्छ ।
떠러 아마 호쪼 후누훈처
그러나 어머니는 키가 작습니다.

हामी अफिसमा छैनौं ।
하미 오피스마 처이너웅
우리는 회사에 없습니다.

अहिले हामी रेस्टुरेन्टमा छौं ।
어힐레 하미 레스토랑마 처웅
지금 우리는 식당에 있습니다.

तिम्रो साईकल कहाँ छ ?
띠므로 사이클 꺼하 처?
너 자전거는 어디에 있니?

मरो साईकल बाहिर छ ।
메로 사이클 바히러 처
나의 자전거는 밖에 있습니다.

उसको भाई झापामा छ ।
우스꼬 바이 자빤마 처
그 사람 동생은 일본에 있습니다.

उनीहरू स्कूलमा छन् ।
우니하루 (이)스꿀마 천
그들은 학교에 있습니다.

उनीहरू घरमा छैनन् ।
우니하루 거르마 처이넌
그들은 집에 없습니다.

तिमी मोटो छैनौ ।
띠미 모또 처이너우
너는 뚱뚱하지 않아.

तिमी अलि अलि अग्लो छौ ।
띠미 얼리 얼리 어글로 처우
너는 키가 조금 크구나.

3. 단어 익히기

विरामी (비라미) = 아프다

अग्लो (어글로) = (키가) 크다

होँचो (호쪼) = (키가) 작다

मोटो (모또) = 뚱뚱하다, 통통하다

दुब्लो (두블로) = 말랐다

भारत (바랃) = 인도

चिन (찐) = 중국

बुवाआमा (부아아마) = 부모님

स्कूल ((이)스꿀) = 학교 (school)

अलिअलि (얼리얼리) = 조금

4. 문법 따라잡기

기본적으로 네팔어의 동사는 주어의 인칭이나 존칭에 따라 변형된다고 배웠습니다. 오늘은 사람의 위치, 자격을 나타내는 '이다', '있다'의 인칭에 따른 동사변형에 대해서 공부하겠습니다. 네팔어중 가장 많이 사용되는 부분 중 하나이겠죠. 아래 표는 인칭, 존칭에 따른 변형입니다.

인칭	한국어	긍정형	부정형
우, 요, 띠요	(낮춤말) 그, 이것, 저것	처	처이너
우니하루	(낮춤말) 그들	천	처아춤
우하, 우하하루	(높임말) 그, 그들	후누훈처	후누훈너
떠빠이, 떠빠이하루	(높임말) 당신, 당신들	후누훈처	후누훈너
띠미, 띠미하루	(낮춤말) 너, 너희들	처우	처이너우
머	나	츄	처이너
하미	우리	처웅	처이너웅

동사변형이 시작되면서 네팔어가 조금씩 어려워집니다. 네팔에 살면서 네팔어를 배우고 있다면 그나마 수월하겠지만 만약 한국에서 공부하시는 분들이 계시다면 여러 가

지로 어려운 점이 많을 것입니다. 하지만 언젠가 네팔어를 자유자재로 사용할 날을 생각하며 힘내시기 바랍니다.

위의 응용문장에서 충분히 파악하셨지만 예문을 통해 알아보겠습니다.

a. 머 / 하미
머 어글로 츄 / 처이너
나는 키가 큽니다. / 크지 않습니다.

하미 어글로 처웅 / 처이너웅
우리는 키가 큽니다. / 크지 않습니다.

b. 떠빠이 / 띠미
떠빠이 어글로 후누훈처 / 후누훈너
당신은 키가 큽니다. / 크지 않습니다.

띠미 어글로 처우 / 처이너우
너는 키가 크다. / 크지 않다

c. 우하 / 우
우하 어글로 후누훈처 / 후누훈너
그는 키가 큽니다 / 크지 않습니다.

우 어글로 처 / 처이너
그는 키가 크다. / 크지 않다

외국인이 모든 동사변형을 틀리지 않고 정확히 사용기는 쉽지 않습니다. 하지만 노력하여 정확한 네팔어를 사용한다면 좀 더 공식적인 자리에서도 실수 없이 네팔어를 사용할 수 있습니다. 네팔에서 몇 년씩 살아도 틀리고 또 틀리고 하는 부분이거든요. 첫 술에 배부를 순 없지만 앞으로도 계속 이 내용들이 반복해서 나오니 하나씩 하나씩 배워나갔으면 좋겠습니다.

오늘 하루도 수고 하셨습니다.

11

나는 은행에서 일합니다. (동사의 현재시제 1)

1. 오늘의 한 마디

म बैंकमा काम गर्छु ।
머 뱅크마 깜 거르추

आज तपाईं के गर्नुहुन्छ ?
아저 떠빠이 께 거르누훈처?

वहाँ नेपालमा बस्नुहुन्न ।
우하 네팔마 버스누훈너

해석

나는 은행에서 일합니다.
오늘 당신은 무엇을 하세요?
그는 네팔에 살지 않습니다.

네팔의 선호 직업

어느 나라든지 의사와 변호사는 엘리트 집단으로 높은 임금과 사회적 지위를 가지는 것 같습니다. 네팔도 예외는 아닙니다. 이 외에 어떤 직업들이 네팔에서 인기가 좋을까 살펴보겠습니다. 예문에서 나온 은행이 일반적인 기업 중에서는 가장 높은 임금을 받는다고 합니다. 은행에 따라 월급이 틀리긴 하지만 대졸자 초임이 평균 300$ 정도가 됩니다. 하지만 그보다 인기가 좋은 직장은 각 나라의 대사관, 국제기구, 국제NGO입니다. 임금이 높고 대우가 좋기 때문입니다. 반면에 공무원의 경우는 월급은 낮은 편이지만 안정적인데다가 나름의 권력을 가질 수 있어서인지 경쟁률이 아주 높습니다. 하지만 이런 직장에서 일하는 일부를 제외한 대부분은 여전히 낮은 임금에 열악한 환경에서 일합니다.

2. 네팔어로 말하기

आज म पोखरा जान्छु ।
아저 머 포카라 잔추
오늘 나는 포카라에 갑니다.

आज म दालभात खाँदिन ।
아저 머 달받 카디너
오늘 나는 달받을 먹지 않습니다.

आज म फिल्म हेर्छु ।
아저 머 필름 헤르추
오늘 나는 영화를 봅니다.

आज म फुटबल खेल्दिन ।
아저 머 풋볼 켈디너
오늘 나는 축구를 하지 않습니다.

आज तपाईं अफिस जानुहुन्छ ?
아저 떠빠이 오피스 자누훈처?
오늘 당신은 회사에 가십니까?

आज म अफिस जाँदिन ।
아저 머 오피스 자디너
오늘 나는 회사에 가지 않습니다.

किनभने आज विदा हो ।
끼너버네 아저 비다 호
왜냐하면 오늘은 휴일입니다.

वहाँ कहाँ काम गर्नुहुन्छ ?
우하 꺼하 깜 거르누훈처?
그는 어디에서 일합니까?

वहाँ सरकारी अफिसमा काम गर्नुहुन्छ ।
우하 설까리 오피스마 깜 거르누훈처
그는 정부 기관에서 일합니다.

मेरो बुवाआमा नेपालमा बस्नुहुन्न ।
메로 부바아마 네팔마 버스누훈너
저의 부모님은 네팔에 살지 않습니다.

वहाँ टिभी हेर्नुहुन्न ।
우하 띠비 헤르누훈너
그는 TV를 보지 않습니다.

किनकी वहाँको घरमा टिभी छैन ।
끼너끼 우하꼬 거르마 띠비 처이너
왜냐하면 그의 집에는 TV가 없습니다.

3. 단어 익히기

आज (아저) = 오늘

भोलि (볼리) = 내일

हिजो (히조) = 어제

सरकारी (설까리) = 정부

विदा (비다) = 휴일

जानु (자누) = 가다

विहान (비하너) = 아침
दिउँसो (디우소) = 오후
बेलुका (벨루까) = 저녁
राति (라띠) = 밤
हरेक दिन (허렉 딘) = 매일, 모든
हरेक विहान (허렉 비하너) = 매일 아침
दिन (딘) = 하루, 일
हप्ता (헙따) = 주
महिना (머히나) = 달

बर्ष (버르사) = 년
आउनु (아우누) = 오다
फर्कनु (퍼르꺼누) = 돌아오다
बनाउनु (버나우누) = 만들다
विर्सनु (비르서누) = 까먹다
खानु (카누) = 먹다
खेल्नु (켈누) = 놀다, 운동하다
हेर्नु (헤르누) = 보다
बस्नु (버스누) = 살다, 앉다

4. 문법 따라잡기

이번 수업에서는 나(1인칭), 당신(2인칭), 그(3인칭)에 해당하는 동사변형을 알아보겠습니다. 네팔어의 동사원형은 기본적으로 '~누'로 끝납니다. 자누(가다), 아우누(오다), 카누(먹다) 등 동사원형에 주어가 1인칭인지 2인칭인지 3인칭인지에 따라 변형됩니다. 오늘은 간단하게 현재형 문장을 먼저 배워 보겠습니다.

1, 2, 3인칭의 긍정형, 부정형에 따른 동사변형(현재)

인칭	한국어	긍정형	부정형
머	나	Vs +ㄴ추 or 추	Vs +디너
떠빠이	당신	V +훈처	V +훈너
우하	그	V+훈처	V +훈너

※ V(동사원형), Vs(동사축약형)에 대한 설명은 책 처음 '일러두기'를 참고

그럼 '자누(가다)', '아우누(오다)' 동사를 활용하여 인칭에 따른 예문을 만들어보겠습니다.

a. 머
머 잔추 = 나는 간다.
머 자디너 = 나는 가지 않는다.

머 아우추 = 나는 온다.
머 아우디너 = 나는 오지 않는다.

b. 떠빠이
떠빠이 자누훈처 = 당신은 간다.
떠빠이 자누훈너 = 당신은 가지 않는다.

떠빠이 아우누훈처 = 당신은 온다.
떠빠이 아우누훈너 = 당신은 오지 않는다.

c. 우하
우하 자누훈처 = 그는 간다.
우하 자누훈너 = 그는 가지 않는다.

우하 아우누훈처 = 그는 온다.
우하 아우누훈너 = 그는 오지 않는다.

12

지금 우리는 시장에 갑니다. (동사의 현재시제 2)

1. 오늘의 한 마디

अहिले हामी बजार जान्छौं ।
어힐레 하미 버잘 잔처웅

उ आजभोली कहाँ बस्छ ?
우 아저볼리 꺼하 버스처?

तिमी आज राती के गर्छौ ?
띠미 아저 라띠 께 거르처우?

해석
지금 우리는 시장에 갑니다.
그 애는 요즘 어디에 살고 있어?
너는 오늘 저녁 무얼 할 거니?

네팔의 술

네팔에서는 어떤 술들을 먹을까요? 전통주로는 곡물을 증류해서 만든 '럭시'가 있고 발효시켜 만든 '창'이 있습니다. '럭시', '창'은 우리나라 소주, 막걸리와 비슷합니다. 그리고 셀파들이 먹는 '뚱바'가 있는데, 발효시킨 '기장'을 나무로 만든 통에 넣고 뜨거운 물을 부어서 빨대로 먹는 술로 추운 날 먹으면 아주 별미입니다. 그 외에도 수입되는 위스키, 와인, 맥주들도 큰 마켓에서 쉽게 구할 수 있습니다. 특히 유명 맥주 브랜드인 칼스버그, 삼미구엘, 투보그의 경우 네팔에 보틀링 공장이 있어 현지에서 제조되고 네팔 맥주 브랜드인 에베레스트, 골카 등도 맛이 좋습니다. 이렇듯 여러 가지 술들이 있긴 하지만 네팔에서는 술에 취한 것을 흉으로 보기 때문에 사람들이 술에 취할 정도로 많이 마시는 경우는 흔하지 않은 것 같습니다.

2. 네팔어로 말하기

अहिले म किताब पढ्छु ।
어힐레 머 끼땁 뻐르추
지금 나는 책을 읽습니다.

अहिले तपाईं गिटार बजाउनुहुन्छ ।
어힐레 떠빠이 기딸 버자우누훈처?
지금 당신은 기타를 칩니까?

आज राती वहाँ कोरीयन खाना खानुहुन्छ ।
아저 라띠 우하 코리안 카나 카누훈처
오늘 저녁 그는 한국 음식을 먹습니다.

भोली वहाँ अफिस जानुहुन्न ?
볼리 우하 오피스 자누훈너?
내일 그는 회사에 가지 않습니까?

आजभोली हामी सानेपामा बस्छौं ।
아저볼리 하미 사네파마 버스처웅
요즘 우리는 사네파에 삽니다.

हामी कुकुरको मासु खाँदैनौं ।
하미 꾸꿀꼬 마수 카더이너웅
우리는 개고기를 먹지 않습니다.

तिमी गाईको मासु खान्छौ ?
띠미 가 이꼬 마수 칸 처우?
너는 소고기를 먹니?

म कोरीयामा गाईको मासु खान्छु ।
머 코리 아마 가이 꼬 마수 칸추
나는 한국에서 소고기를 먹습니다.

तर नेपालमा खाँदिन ।
떠러 네팔마 카디너
그러나 네팔에서는 먹지 않습니다.

तिमी किन वियर पिउँदैनौ ?
띠 미 끼 너 비 얼 삐우더이너우?
너는 왜 맥주를 마시지 않니?

मलाई वियर त्यति मन पर्दैन ।
멀라이 비얼 때띠 먼 뻐르더이너
나는 맥주를 좋아하지 않아.

उ कुन स्कूलमा पढ्छ ?
우 꾼 (이)스꿀마 뻐르처?
그는 무슨 학교에 다닙니까?(공부합니까?)

उ ब्रिटिस स्कूलमा पढ्छ ।
우 브리티쉬 스쿨마 뻐르처
그는 브리티쉬 스쿨에 다닙니다.(공부합니다.)

इन्सक जी कहाँ बस्नुहुन्छ ?
인석 지 꺼하 버스누훈처?
인석씨 어디에 사세요?

म नेपालको काठमाण्डौ, सानेपामा बस्छु ।
머 네팔꼬 카트만두, 사네파마 버스추
나는 네팔의 카트만두, 사네파에 삽니다.

गोपालको छोराछोरी के खेल्छन् ?
고빨꼬 초라초리 께 켈천 ?
고빨의 자녀들은 무엇을 합니까?

उनीहरू पौडी (स्वीमिङ) खेल्छन् ।
우니하루 뻐우디(스위밍) 켈천
그들은 수영을 합니다.

उनीहरू टेबुल टेनीस खेल्दैनन् ।
우니하루 떼블 떼니스 켈더이넌
그들은 탁구를 치지 않습니다.

3. 단어 익히기

बजार (버잘) = 시장

आजभोलि (아저볼리) = 요즘

किताब (끼땁) = 책

छोराछोरी (초라초리) = 자녀

छोरा (초라) = 아들

छोरी (초리) = 딸

पौडी खेल्नु (빠우디 켈누) = 수영하다

पढ्नु (빠르누) = 읽다, 공부하다

बजाउनु (버자우누) = (악기를)연주하다

पिउनु (삐우누) = 마시다

खेल्नु (켈누) = 놀다, (운동 등을)하다

4. 문법 따라잡기

1) '하미', '띠미', '우' 동사변형

지난 수업에서는 '머(나)', '떠빠이(당신)', '우하(그분)'에 해당하는 동사변형을 배웠습니다. 이번 수업에서는 이어서 '하미(우리)', '띠미(너)', '우(그)'에 해당하는 동사변형을 배워 보겠습니다. 이 내용까지 배운다면 일상적으로 쓰이는 현재형 동사변형은 모두 배우게 됩니다. 다음 수업에서는 동사의 과거시제를 배우겠습니다.

'하미', '띠미', '우'의 동사변형 (현재형)

인칭	한국어	긍정형	부정형
하미	우리	Vs +ㄴ처웅or처웅	Vs +더이너웅
띠미	너	Vs +ㄴ처우or처우	Vs +더이너우
우	그	Vs +ㄴ처 or 처	Vs +더이너

※ V(동사원형), Vs(동사축약형)에 대한 설명은 책 처음 '일러두기'를 참고

그럼 '카누(먹다)', '삐우누(마시다)' 동사를 활용하여 예문을 만들어 보겠습니다.

a. 하미
하미 칸처웅 = 우리는 먹습니다.
하미 카더이너웅 = 우리는 먹지 않습니다.

하미 삐운처웅 = 우리는 마십니다.
하미 삐우더이너웅 = 우리는 마시지 않습니다.

b. 띠미
띠미 칸처우 = 너는 먹는다.
띠미 카더이너우 = 너는 먹지 않는다.

띠미 삐운처우 = 너는 마신다.
띠미 삐우더이너우 = 너는 마시지 않는다.

c. 우
우 칸처 = 그는 먹는다.
우 카더이너 = 그는 먹지 않는다.

우 삐운처 = 그는 마신다.
우 삐우더이너 = 그는 마시지 않는다.

2) ~지

앞의 '네팔어로 말하기' 예문에서 '인석지'라는 말이 나오는데 네팔어 '~지'는 우리말로 '~씨'입니다. 그래서 이름 뒤에 '지'를 붙여 존중을 표합니다. '~지'보다 높은 존칭은 '~주'입니다. 우리말로는 '~님' 정도로 사용 됩니다.

3) (이)스프라이트, (이)스쿨…

제목에서 ( ) 안에 (이)라고 적은 이유는 네팔 사람들의 발음 때문입니다. 네팔 사람들은 영어 단어나 네팔 단어나 발음이 '스'로 시작하는 단어를 말할 때면 자연스럽게 '스'앞에 '이'를 붙입니다. 그래서 '스쿨'을 발음할 때 '이스쿨' 그러고, '스프라이트'을 발음할 때 '이스프라이트'라고 합니다. 특이한 발음 습관이지만 네팔사람들은 우리가 '스프라이트', '스쿨'이라고 말하는 것 보다 '이스프라이트', '이스쿨'로 할때 더 잘 알아 듣습니다. 자고로 언어는 상대방에게 잘 전달되어야 하니 배우는 우리도 '스'로 시작하는 단어가 있다면 그 앞에 '이'를 붙여주는 것이 좋습니다. 실제로 사용하면 재미있기도 합니다.

사진으로 떠나보는 네팔 여행

▲ 카스트 관습 철폐를 위한 홍보 포스터-높은 카스트의 청년이 낮은 카스트의 할아버지가 주는 물을 자연스럽게 마시는 장면

오늘 하루도 수고 하셨습니다.

13
지금 몇 시 입니까? (시간 묻기)

1. 오늘의 한 마디

अहिले कति बज्यो ?
어힐레 꺼띠 버죠?

तपाइँ कति बजे अफिस जानुहुन्छ ?
떠빠이 꺼띠 버제 오피스 자누훈처?

म बेलुका ६ बजे तपाइँको घरमा आउँछु ।
머 벨루까 처 버제 떠빠이꼬 거르마 아우추

해석
지금 몇 시 입니까?
당신은 몇 시에 회사에 갑니까?
나는 저녁 6시에 당신 집에 올게요.(갈게요.)

네팔리 타임

'네팔리 타임'이라는 것이 있습니다. 네팔에서 약속을 잡으면 항상 제시간에 오는 법이 없는데요. 30분씩 혹은 1시간씩 늦는 것이 일반사입니다. 처음엔 얼마나 화가 나던지……. 그러나 카트만두에 살다보니 약속 시간 지키기가 얼마나어려운지 금방 알게 되었습니다. 예상치 못한 교통 체증으로 평소보다 몇십분씩 늦어질 때도 있고, 각종 시위나 사고로 길이 막히면 차가 못 다닐 때도 있습니다. 걸어가기에는 멀고 그래서 약속을 취소하는 경우도 생기게 되더군요. 저도 네팔에서 살면서 최대한 약속 시간을 지키려고 노력하지만 시간을 지키려는노력은 하면 할수록 받는 스트레스가 크더군요. 그러다보니 자연스럽게 저도 '네팔리 타임'에 익숙해지게 되었습니다. '네팔리 타임' 때문에 경제 성장이 더뎌지는 것인지, 경제 성장이 안 됐기에 '네팔리 타임'이 존재하는 것인지는 여전히모르겠습니다.

2. 네팔어로 말하기

अहिले कति बज्यो ?
어힐레 꺼띠 버죠?
지금 몇 시입니까?

अहिले २ बज्यो ।
어힐레 두이 버죠
지금 2시입니다.

अहिले साढे २ बज्यो ।
어힐레 사레 두이 버죠
지금 2시 반입니다.

अहिले सवा १ बज्यो ।
어힐레 서와 엑 버죠
지금 1시 15분입니다.

अहिले पौने ३ बज्यो ।
어힐레 빠우네 띤 버죠
지금 3시 15분전입니다.

आज राती ७ बजे मेरो घरमा आउनुस् ।
아저 라띠 사트 버제 메로 거르마 아우누스
오늘 저녁 7시에 나의 집에 오세요.

मलाई आज १ बजे तिर फोन गर्नुस् ।
멀라이 아저 엑 버제 띠러 폰 거르누스
나한테 오늘 1시쯤에 전화 하세요

तपाई कति बजे सुत्नहुन्छ ?
떠빠이 꺼띠 버제 수뜨누훈처?
당신은 몇 시에 주무십니까?

म १० बजे सुत्छु ।
머 더스 버제 수뜨추
나는 10시에 잡니다.

वहाँ कति बजे बेलुकाको खाना खानुहुन्छ ?
우하 꺼띠 버제 벨루까꼬 카나 카누훈처?
그는 몇 시에 저녁을 먹습니까?

वहाँ सधैं ढिलो खानुहुन्छ ।
우하 서더이 딜로 카누훈처
그는 항상 늦게 먹습니다.

वहाँ राती ९ बजे खानुहुन्छ ?
우하 라띠 노우 버제 카누훈처
그는 저녁을 9시에 먹습니다.

आज तिमी कति बजे घरमा फर्कन्छौ ?
아저 띠미 꺼띠 버제 거르마 퍼르컨처우?
오늘 너 몇 시에 집에 돌아가니?

आज म करिब ६ बजे घरमा फर्कन्छु ।
아저 머 꺼립 처 버제 거르마 퍼르컨추
오늘 나는 6시쯤 집에 돌아갑니다.

हामी हरेक दिन बिहान ८ बजे नास्ता खान्छौं ।
하미 허렉 딘 비한 아트 버제 나스따 칸처웅
우리는 매일 아침 8시에 아침을 먹습니다.

हामी बिहान भात खाँदैनौं ।
하미 비한 바트 카더이너웅
우리는 아침에 밥을 먹지 않습니다.

वहाँ कति बजे उठ्नुहुन्छ ?
우하 꺼띠 버제 우트누훈처?
그는 몇 시에 일어납니까?

वहाँ बिहान ५ बजे उठ्नुहुन्छ ।
우하 비한 빠즈 버제 우트누훈처
그는 아침 5시에 일어납니다.

तपाइँको छोराछोरी कति बजे स्कूलमा जान्छन ?
떠빠이꼬 초라초리 꺼띠 버제 스꿀마 잔천?
당신의 아들딸은 몇 시에 학교에 갑니까?

उनीहरू साढे ८ बजे जान्छन् ।
우니하루 사데 아트 버제 잔천
그들은 아침 8시에 갑니다.

3. 단어 익히기

बजे (버제) = 시 ('몇 시에'에 사용)

बज्यो (버죠) = 시 ('몇 시다'에 사용)

साढे (사레) = 반 (1/2)

सवा (서와) = 1/4

पौने (뻐우네) = 15분 전

फोन गर्नु (폰 거루누) = 전화하다

सुत्नु (수뜨누) = 자다

उठ्नु (우트누) = 일어나다

फर्कनु (퍼르커누) = 돌아가다

करिबु (꺼립) = 거의, ~쯤 ('버죠'와 함께 사용)

तिर (띠러) = 거의, ~쯤 ('버제'와 함께 사용)

नास्ता (나스따) = 아침 (스낵과 찌야)

बिहानका खाना (비한꼬 카나) = 아침 (밥)

खाजा (카자) = 점심 (스낵과 찌야)

दिउसोका खाना (디우소꼬 카나) = 점심 (밥)

बेलुकाका खाना (벨루까꼬 카나) = 저녁 (밥)

4. 문법 따라잡기

오늘은 시간에 대한 내용을 배우겠습니다. 네팔어로 시간을 말하기 위해서는 기본적으로 네팔말로 1에서 12까지는 외우셔야 되며 분까지 정확하게 말하고 싶으면 1에서 60까지는 외우셔야 되겠죠. 네팔어 숫자는 책 앞쪽 '네팔어 숫자'를 참고 하시기 바랍니다.

1) 시간 말하기

시간을 나타내는 단어는 두 가지가 있는데 '버조'는 현재 시간을 말할 때, '버제'는 과거나 미래의 시간을 지칭할 때 사용됩니다.

지금 3시입니다. = 어힐레 띤 버죠
지금 12시입니다. = 어힐레 바러 버죠

나는 5시에 집에 돌아간다. = 머 빠쯔 버제 거르마 퍼르컨츄
나는 10시에 터멜에 간다. = 머 더스 버제 터멜 잔츄 터멜 잔츄

2) 사레, 서와, 빠우네

우리말에 몇 시 반, 몇 시 15분 전과 같이 시간을 나타내는 방법이 있습니다. 똑같이 네팔 말에도 있는데요. '사레'는 반을 말할 때 사용하고, '서와'는 15분을 말할 때 사용합니다. '빠우네'는 몇 시 15분 전을 말할 때 사용합니다.

사레 짜르 버죠 = 4시 반입니다.
서와 사트 버죠 = 7시 15분입니다.
빠우네 노우 버제마 잔츄 = 9시 15분 전에 갑니다.

'사레'의 경우 사레 엑 버르사 = 1년 반, 사레 두이 케지 = 2.5 킬로그램 등과 같이 시간 외에도 모든 숫자에 사용하여 '~반'이라는 표현을 할 수 있습니다.

사진으로 떠나보는 네팔 여행

▲ 상정에서 모바일을 구입하고 있는 네팔인

▲ 남녀노소 할 것 없이 외국인은 호기심의 대상

오늘 하루도 수고 하셨습니다.

14

아무것도 먹지 않을 겁니다. (아무도, 어디도, 언제라도)

1. 오늘의 한 마디

म कहिले पनि झुठो बोल्दिन ।
머 꺼힐레 뻐니 주토 볼디너

म कहिले पनि चुरोट खाँदिन ।
머 꺼힐레 뻐니 쭈롯 카디너

आज राति म केही पनि खाँदिन ।
아저 라띠 머 께히 뻐니 카디너

해석

나는 언제라도 거짓말은 하지 않습니다.
나는 언제라도 담배는 피지 않습니다.
오늘 저녁 나는 아무것도 먹지 않을 겁니다.

네팔인의 언어 능력

대부분의 네팔 사람들은 여러 가지 언어를 사용할 수 있습니다. 대학교육을 받은 사람이라면 대부분 기본적으로 네팔어, 힌디어, 영어 정도는 사용하는 편입니다. 거기에다가 자신의 부족어가 있는 경우에는 부족어까지 말할 수 있습니다. 이렇게 다양한 언어에 노출되어 있어서 그런지 언어 습득 능력이 뛰어납니다. 어떤 사람들은 여섯 가지 일곱 가지 언어를 말할 수 있다는 사람도 종종 만나게 됩니다. 하지만 그렇다고 그 말을 곧이곧대로 믿을 수도 없습니다. 네팔 사람들은 기본적인 인사말과 소개만 할 수 있어도 그 나라 말을 할 수 있다고 하기 때문입니다. 하지만 많은 사람들이 힌디어 하나는 비슷한 단어도 많을 뿐더러, 힌디 영화와 드라마를 많이 봐서 그런지 잘하는 편입니다.

2. 네팔어로 말하기

भोलि तपाइँ कहाँ जानुहुन्छ ?
볼리 떠빠이 꺼하 자누훈처?
내일 당신은 어디에 가십니까?

म काही पनि जाँदिन ।
머 까히 뻐니 자디너
나는 아무데도 가지 않습니다.

म घरमै बस्छु ।
머 거르머이 버스추
나는 집에 있습니다.

तपाइँको झोलामा के छ ?
떠빠이꼬 졸 라 마 께 처 ?
당신의 가방에는 무엇이 있습니까?

मेरो झोलामा केही पनि छैन ।
메로 졸라마 께히 뻐니 처이너
나의 가방에는 아무 것도 없습니다.

उ रक्सी खान्छ ?
우 럭시 칸처?
그는 술을 먹습니까?

उ कहिले पनि रक्सी खाँदैन ।
우 꺼힐레 뻐니 럭시 카더이너
그는 언제라도 술을 먹지 않습니다.

मेरो बुवा कहिले पनि ढिलो सुत्नुहुन्न ।
메로 부아 꺼힐레 뻐니 딜로 수트누훈너
나의 아버지는 항상 늦게 주무시지 않습니다.

म कहिले काँही साथीहरूसँग बियर पिउँछु ।
머 꺼힐레 까히 사티하루성거 비얼 삐우추
나는 가끔씩 친구들과 맥주를 마십니다.

इन्सक कहिले काहीं हिन्दी फिल्म हेर्नुहुन्छ ।
인석 꺼힐레 까히 힌디 필름 헤르누훈처
인석은 가금씩 인도 영화를 봅니다.

आजभोलि नेपाली मान्छे कहिलेकाँही कोरीयन फिल्म हेर्छन् ।
아저 볼리 네팔 리 만체 꺼힐 레까히 코 리안 필름 헤르 천
요즘 네팔 사람들은 가끔씩 한국 영화를 봅니다.

म सधै कोरीयन टिभी हेर्छु ।
머 서더이 코리안 띠비 헤르츄
저는 항상 한국 TV를 봅니다.

वहाँ सधै ढिलो उठ्नुहुन्छ ।
우하 서더이 딜로 우트누훈처
그분은 항상 늦게 일어납니다.

म धेरैजसो भात खान्छु ।
머 데레이저소 바트 칸츄
나는 주로 라면을 먹습니다.

तिमी धेरै जसो कुन रेस्टुरेन्टमा जान्छौ ?
띠미 데레이 저소 꾼 레스토랑마 잔처우?
너는 주로 어떤 레스토랑에 가니?

हामी धेरै जसो टेनिस खेल्छौं ।
하미 데레이 저소 테니스 켈처웅
우리는 주로 테니스를 칩니다.

हामी कहिले पनि तास खेल्दैनौं ।
하미 꺼힐레 뻐니 따스 켈더이너웅
우리는 언제라도 네팔에서 카드를 치지 않습니다.

मेरो घरमा दिउँसो कोही पनि बस्दैन ।
메로 거르마 디우소 꼬히 뻐니 버스더이너
우리 집에는 오후에 아무도 없습니다.

अहिले अफिसमा को को छ ?
어힐레 오피스마 꼬 꼬 처?
지금 회사에 누구누구가 있습니까?

अहिले अफिसमा कोही पनि छैन ।
어힐레 오피스마 꼬히 뻐니 처이너
지금 회사에는 아무도 없습니다.

3. 단어 익히기

झुठो (주토) = ① 거짓말, ② 부정한 음식(남이 먹던 음식)

चुरोट (쭈롣) = 담배

बोल्नु (볼누) = 말하다

चुरोट खानु (쭈롣 카누) = 담배 피다

पिउनु (삐우누) = 마시다

कहिले पनि (꺼힐레 뻐니) = 언제라도 (부정형에 사용)

कहीँ पनि (꺼하 뻐니) = 어디에도 (부정형에 사용)

कोही पनि (꼬히 뻐니) = 누구라도 (부정형에 사용)

केही पनि (께히 뻐니) = 아무 것도 (부정형에 사용)

कहिले काहीँ (꺼힐레까히) = 가끔씩

4. 문법 따라잡기

1) '~도', '~라도' 표현

우선 지금까지의 수업을 통해 다양한 종류의 의문사는 배웠습니다. 의문사를 이미 알고 있어야 이번 수업을 이어갈 수 있습니다. 이번 수업에서는 지금까지 배운 의사에 뒤에 '뻐니'를 붙여서 '~도', '~라도'의 표현을 배우겠습니다.

인칭	한국어	긍정형	부정형
께	무엇	쩨뻐니	꼐히뻐니
꼬	누구	조뻐니	꼬히뻐니
꺼힐레	언제	저힐레뻐니	꼐힐레뻐니
꺼하	어디	저하(저따)뻐니	꺼하뻐니

예문을 통해서 사용법을 확인하겠습니다.

제뻐니 틱처 = 무엇이어도 괜찮다.
조뻐니 석처 = 누구라도 할 수 있다.
저힐레뻐니 거르미 처 = 언제라도 덥다.
저따뻐니 처 = 어디라도 있다.

께히뻐이 처이너 = 아무것도 없다.
꼬히뻐니 처이너 = 아무도 없다.
꺼힐레뻐니 처이너 = 언제라도 없다.
꺼하뻐니 = 어디에도 없다.

2) 강조하기

네팔어에는 '미토꾸라'라는 것이 있는데 우리말로 하면 '맛있게 하는 말' 정도 될 겁니다. 대화를 할 때 여러 가지 기교를 사용하여 듣기 좋게 말하는 것입니다. '아니요'라고 말할 때가 있다면 '어~허 아니요'라든지 '그래요'는 '아~ 그래요' 같은 식입니다.

미토꾸라를 하는 방법 중 하나로 (단어 + 너이)가 있는데 모든 명사나 형용사에 사용 가능하고 그 단어를 강조하게 됩니다. 그리고 대화도 부드럽게 해줍니다. 예문을 직접 보면서 익히시기 바랍니다.

거르마 처 = 집에 있습니다.
거르머이 처 = 지이베 있어요. (집을 강조하기 위해 '집에'를 '지이베'하고 쓰는 말)

치또 아우누스 = 빨리 오세요.
치떠이 아우누스 = 빠알리 오세요. (빨리를 강조)

툴로 처 = 큽니다.
툴러이 처 = 크으네요. (크다를 강조)

언어는 아무리 공부를 열심히 하셔도 원어민과 직접 대화하면서 연습하지 않으면 '살아있는 언어'를 배우기 힘든 것 같습니다. 개인의 역량에 따라 독학으로 어느 언어의 단어나 문법은 많이 외울 수 있겠지만 앞서 말씀드린 '~너'와 같은 것들의 미묘한 어감을 익히기 위해서는 실제로 듣고 계속 들으면서 배우는 수밖에 없습니다. 지금 이 책을 공부하는 분이라면 언젠가 네팔을 찾으실 분들일 테니까 지금 열심히 공부하시고 때가 온다면 맘껏 네팔어로 즐거운 대화를 나누시기를 바랍니다.

사진으로 떠나보는 네팔 여행

▲ 어떤 상황에서도 만나면 악수는 필수

오늘 하루도 수고 하셨습니다.

15

어제 당신은 무엇을 먹었습니까? (동사의 과거시제 1)

1. 오늘의 한 마디

हिजो तपाइँले के खानु भयो ?
히조 떠빠일레 께 카누 버요?

आज विहान केही पनि खाईन ।
아저 비한 께히 뻐니 카이너

आज विहान तपाइ कति बजे उठनुभयो ?
아저 비한 떠빠이 꺼띠 버제 우트누버요?

해석
어제 당신은 무엇을 먹었습니까?
오늘 아침 나는 아무것도 먹지 않았습니다.
오늘 아침 당신은 몇 시에 일어났습니까?

네팔인의 식생활

네팔 사람들의 주식은 '달받'입니다. 녹두를 삶아서 스프로 만든 것을 '달', 밥을 '받'이라고 합니다. 두 가지를 합쳐 '달받'이라고 합니다. 일반적으로 '받'에 '달'을 조금씩 부어가며 비벼 먹고, '떨까리'라고 하는 것을 곁들어 먹습니다. '떨까리'는 우리나라 말로 반찬인데 감자나, 브로컬리 등을 주로 이용해서 만듭니다. 그리고 김치와 비슷하게 매콤하게 만들어 먹는 '어잘'이 있는데 토마토와 고추를 섞어 만든 어잘을 만들어 먹습니다. 그래서 네팔인의 식사는 '달', '받', '떨까리', '어잘'을 접시에 담아 먹고, 특별한 날에는 '마수(고기)'를 곁들어 먹는 것이 보통입니다. 이외에도 민족별 전통 음식이 조금씩 있기는 하지만 종류가 다양하지는 않은 편입니다.

2. 네팔어로 말하기

आज विहान म ७ बजे उठें ।
아저 비한 머 사트 버제 우테
오늘 아침 나는 7시에 일어났습니다.

आज विहान मैले पाउरोटी खाएँ ।
아저 비한 머일레 빠우로띠 카에
오늘 아침 나는 빵을 먹었습니다.

आज विहान मैले भात खाईन ।
아저 비한 머일레 바트 카이너
오늘 아침 나는 밥을 먹지 않았습니다.

हिजो राती तपाइँले के खानुभयो ?
히조 라띠 떠빠일레 께 카누버요?
어제 저녁 당신은 무엇을 먹었습니까?

हिजो राती तपाइँले कुन फिल्म हेर्नुभयो ?
히조 라띠 떠빠일레 꾼 필림 헤르누버요?
어제 저녁 당신은 무슨 영화를 보았습니까?

आज विहान तपाइँले मुख धुनुभयो ?
아저 비한 떠빠일레 무크 두누버요?
오늘 아침 당신은 세수를 하셨습니까?

वहाँले चियासंग विस्कुट खानुभयो ।
우할레 찌야성거 비스쿠트 카누버요
그는 찌야와 함께 비스킷을 먹었습니다.

हिजो राती म १० बजे सुतें ।
히조 라띠 머 더스 버제 수테
어제 저녁 나는 10시에 잤습니다.

वहाँले नेपालमा कहिले देखि काम गर्नुभयो ?
우하레 네팔마 꺼힐레 데키 깜 거르누버요?
그는 네팔에서 언제부터 일했습니까?

हिजो तपाइँले बेलुकाको खाना पकाउनुभयो ?
히조 떠빠일레 벨루까꼬 카나 뻐까우누버요?
어제 당신은 저녁을 만들었습니까?

हिजो मेरो साथी मेरो घरमा सुत्नुभयो ।
히조 메로 사티 메로 거르마 수트누버요
어제 나의 친구는 우리 집에서 잤습니다.

हिजो विहान मैले कोरीयामा फोन गरें ।
히조 비한 머일레 꼬리아마 폰 거레
어제 아침 나는 한국에 전화를 했습니다.

तपाईंले हिजो कति सिसी वियर खानुभयो ?
떠빠일레 히조 꺼띠 시시 비얼 카누버요?
당신은 어제 몇 병의 맥주를 먹었습니까?

मैले एक सिसी पनि खाईन ।
머일레 엑 시시 뻐니 카이너?
나는 한 병도 먹지 않았습니다.

वहाँले हिजो टेनिस खेल्नुभएन ।
우할레 히조 테니스 켈누버에너
그는 어제 테니스를 치지 않았습니다.

अस्ति तपाइले मलाई किन फोन गर्नुभएन ?
어스띠 떠빠일레 멀라이 끼너 폰 거르누버에너?
그저께 당신은 왜 제게 전화를 하지 않았습니까?

मेरो साथीले चिट्ठी लेख्नुभयो ।
메로 사틸레 찓티 레크누버요
나의 친구는 편지를 썼습니다.

3. 단어 익히기

फोन गर्नु (폰 거르누) = 전화를 하다

काम गर्नु (깜 거르누) = 일을 하다

सुत्नु (수뜨누) = 자다, 앉다

उठ्नु (우트누) = 일어나다

लेख्नु (레크누) = ㅆM다

चिठ्ठी (찐티) = 편지

4. 문법 따라잡기

1) **과거시제 동사변형** (머, 떠빠이, 우하)

드디어 과거시제입니다. 현재형도 정확히 외우기 벅찬데 여기다 과거형까지……. 하지만 규칙만 정확히 이해하시면 사용하는데 어렵지 않으니 오늘은 '머', '떠빠이', '우하' 인칭에 해당하는 과거시제 동사변형을 먼저 배워보겠습니다.

현재형 동사와 똑같이 과거형도 긍정이냐 부정이냐에 따라 동사의 말미가 변형 됩니다. 표를 보면서 익히도록 하겠습니다.

네팔어	한국어	긍정형	부정형
머	나	Vs +에	V +이너
떠빠이	당신	V +버요	V +버에너
우하	그	V +버요	V +버에너

※ V(동사원형), Vs(동사축약형)에 대한 설명은 책 처음 '일러두기'를 참고

a. 머

머일레 카나 카에 / 카이너

나는 밥을 먹었습니다. / 먹지 않았습니다.

머일레 포토 헤레 / 헤리너

나는 사진을 보았습니다. / 보지 않았습니다.

머일레 찜티 레케 / 레키너
나는 편지를 썼습니다. / 쓰지 않았습니다.

b 떠빠이
떠빠일레 카나 카누버요 / 카누버에너
당신은 밥을 먹었습니다. / 먹지 않았습니다.

떠빠일레 포토 헤르누버요 / 헤르누버에너
당신은 사진을 보았습니다. / 보지 않았습니다.

떠빠일레 찜티 레크누버요 / 레크누버에너
당신은 편지를 썼습니다. / 쓰지 않았습니다.

c. 우하
우할레 카나 카누버요 / 카누버에너
그는 밥을 먹었습니다. / 먹지 않았습니다.

우할레 포토 헤르누버요 / 헤르누버에너
그는 사진을 보았습니다. / 보지 않았습니다.

우할레 찜티 레크누버요 / 레크누버에너
편지를 썼습니다. / 쓰지 않았습니다.

2) 머일레, 떠빠일레, 우할레 **사용법**

현재형에서는 '머', '떠빠이', '우하'가 사용되는데 과거형에서는 '머일레', '떠빠일레', '우할레'가 사용됩니다. 우리나라에는 없는 문법이기 때문에 생소할 수 있습니다.

규칙을 말씀드리자면 타동사('무엇을'에 해당하는 목적어를 가지는 동사)를 과거시제로 사용할 때는 주어를 '머→머일레', '떠빠이→떠빠일레', '우하→우할레'로 변형하여 사용하여야 합니다.

〈타동사의 예〉

먹다(카누) → 무엇을 먹었습니까?, 밥을 먹었습니다.
보다(헤르누) → 무엇을 보았습니까?, 책을 보았습니다.
쓰다(레크누) → 무엇을 썼습니까?, 편지를 썼습니다.

〈타동사가 아닌 경우〉

가다(자누) → (무엇을) 갑니까? (X)
오다(아우누) → (무엇을) 옵니까? (X)

따라서 타동사를 사용하는 과거형 문장에는 주어 뒤에 '레'가 와야 정확한 문장이 됩니다.

현재형	과거형	과거형 〈잘못된 경우〉
머 칸추	머일레 카에	머 카에
떠빠이 헤르누훈처	떠빠일레 헤르누버요	떠빠이 헤르누버요
우하 레크누훈처	우할레 레크누버요	우하 레크누버요

많은 분들이 '머일레'를 사용하여야 하는 곳에서 '머'를 사용하고 '머'를 사용하여야 하는 곳에서 '머일레'를 쓰면서 실수를 하곤 합니다. 그만큼 쉽게 실수할 수 있는 부분이므로 항상 신경 써서 사용하여야지만 정확한 네팔어를 말할 수 있습니다.

16

어제 나는 회사에 갔습니다. (동사 과거시제 2)

1. 오늘의 한 마디

हिजो तपाइँ कहाँ जानुभयो ?

히조 떠빠이 꺼하 자누버요?

हिजो म अफिसमा गएँ ।

히조 머 오피스마 거에

हिजो म चाईनिज रेस्टुरेन्टमा गएँ ।

히조 머 짜이니즈 레스토랑마 거에

해석

어제 당신은 어디에 갔었나요?
어제 나는 회사에 갔습니다.
어제 나는 중국 식당에 갔습니다.

네팔의 수식(手食) 문화

전 세계 인구의 40%가 수식문화, 30%가 포크문화, 나머지 30%가 젓가락 문화를 가지고 있다고 하는데요, 네팔은 그중 수식문화에 속합니다. 그래서 밥을 먹기 전에는 항상 손을 깨끗이 씻고 먹습니다. 저도 처음 네팔에 와서 수식문화에 익숙해지려고 여러 번 시도를 해봤지만 젓가락질을 못해 본 사람이 젓가락으로 밥을 잘 못 먹는 것처럼 손으로도 처음 먹는 사람은 손으로 먹는대로 어렵습니다. 밥을 손으로 들어서 입으로 가져가는 동안 대부분이 떨어져 버리기도 합니다. 어릴 때부터 손으로 먹어온 네팔 사람들은 자연스럽게 뜨거운 밥까지도 요령껏 싹싹 잘 먹습니다. 그리고 혹시나 네팔에서 손으로 먹을 기회가 있다면 꼭 오른손을 사용하세요. 왼손은 화장실에서만 사용한답니다.

2. 네팔어로 말하기

तपाइँ किन रुनुभयो ?
떠빠이 끼너 루누버요?
당신은 왜 울었나요?

मेरो साथी कोरीया जानुभयो त्यसकारण म रोएँ ।
메로 사티 코리아 자누버요 떼스까런 머 로에
나의 친구가 한국에 갔습니다. 그래서 나는 울었습니다.

एक बर्ष अघि म अष्ट्रेलिया गएँ ।
엑 버르사 어기 머 오스뜨렐리야 거에
1년 전에 나는 호주에 갔습니다.

हिजो म अफिस गईन ।
히조 머 오피스 거이너
어제 나는 회사에 가지 않았습니다.

हिजो मैले दिउसो खाना खाईन ।
히조 머일레 디우소 카나 카이너
어제 나는 점심을 먹지 않았습니다.

हिजो तपाइँले लुगा धुनुभयो ?
히조 떠빠일레 루가 두누버요?
어제 당신은 옷을 빨았나요?

हिजो मैले लुगा धोइन । किनकि म घरमा बसिन ।
히조 머일레 루가 도이너 끼너끼 머 거르마 버시너
어제 나는 옷을 빨지 않았습니다. 왜냐하면 나는 집에 없었습니다.

तपाइँले मेरो खाना छुनुभयो ?
떠빠일레 메로 카나 추누버요?
당신은 내 음식을 건드렸나요?

अहं मैले छोइन ।
어~허, 머일레초이너
아니요, 나는 건드리지 않았습니다.

तपाइँ हिजो घरमा हुनुहुन्थ्यो ?
떠빠이 히조 거르마 후누훈툐?
당신은 어제 집에 있었나요?

म हिजो घरमा थिइँन ।
머 히조 거르마 티이너
나는 어제 집에 있지 않았습니다.

तपाइँ अहिले के हुनुभयो ?
떠빠이 어힐레 께 후누버요?
당신은 지금 무엇이 되었나요?

म अहिले डाक्टर भएँ ।
머 어힐레 닥떨 버에
나는 지금 의사가 되었습니다.

3. 단어 익히기

रुनु (루누) = 울다

धुनु (두누) = (옷을)빨다

छुनु (추누) = 건드리다, 만지다

हुनु (후누) = ① 있다, ② 이다

त्यसकारण (떼스까런) = 그래서

4. 문법 따라잡기

모든 문법에 한가지 규칙만 있으면 얼마나 쉬우련만, 어떤 언어에든 불규칙 동사와 같이 '불규칙'이라는 복병이 숨어 있죠. 네팔어에도 마찬가지입니다.

지난번 수업에서 동사의 과거시제 변형 규칙에 대해서 배웠는데 그 규칙에 해당하지 않는 다섯 가지 동사가 있습니다. 하지만 다행히 다섯 가지밖에 없으므로 어렵지 않게 외울 수 있습니다.

다섯 가지 불규칙 동사로는 '자누', '루누', '두누', '추누', '후누'가 있습니다. 불규칙 동사이기는 하지만 '떠빠이(당신)', '우하(그)'가 주어로 올 때는 그냥 ' 자누버요, 루누버요, 두누버요, 추누버요, 후누버요 '를 그대로 사용하면 됩니다.

하지만 '머(나)'가 주어로 온다면 조금 어려워지는데요. 원래의 규칙이라면 'Vs + 에(긍정형), 이너(부정형)'가 되어야 하지만 불규칙 동사의 경우에는 틀려집니다. 원래의 규칙이라면 긍정형의 경우 '자에, 루에, 두에, 추에, 후에', 부정형의 경우 '자이너, 루이너, 두이너, 추이너, 후이너'가 되어야 하지만 '거에, 로에, 도에, 초에, 버에', '거이너, 로이너, 도이너, 초이너, 버이너'로 변형됩니다.

a. 자누
머 거에 / 거이너
나는 갔습니다. / 가지 않았습니다.

b. 루누
머 로에 / 로이너
나는 울었습니다. / 울지 않았습니다.

c. 두누
머힐레 도에 / 도이너
나는 (옷을) 빨았습니다. / 빨지 않았습니다.

d. 추누
머힐레 초에 / 초이너
나는 건드렸습니다. / 건들지 않았습니다.

e. (경우에 따라 ‘티~’, ‘버~’ 두 가지로 변형됨.)
머 티에 / 티이너
나는 ~에 있었습니다. / 있지 않았습니다.

머 버에 / 버이너
나는 ~이였습니다. / ~ 아니였습니다.

불규칙이긴 하지만 다섯 가지밖에 없음으로 외워두시면 좋을 것 같습니다. 조금씩 외울 것이 많아지는군요. 그래도 계속 힘내시기 바랍니다. 그리고 ‘후누’ 동사의 경우 두 가지 의미를 가지고 있고, 각각 의미에 따라 과거형이 다르니 특히 유의하시기 바랍니다.

사진으로 떠나보는 네팔 여행

▲ 여행자의 거리 터멜

▲ 에베레스트 지역에서 바라본 히말라야

오늘 하루도 수고 하셨습니다.

17

너 어제 어디 갔었니? (동사 과거시제 3)

1. 오늘의 한 마디

हिजो हामीले संगै मोटरसाईकल चलायौं ।
히조 하미레 성거이 모터사이클 쩔라요옹

हिजो तिमी कहाँ गयौ ?
히 조 띠 미 꺼 하 거요우?

हिजो उसले नयाँ गाडी किन्यो ?
히조 우슬레 너야 가리 낀요

해석

어제 우리는 함께 오토바이를 탔습니다.
너 어제 어디 갔었니?
어제 그는 새 차를 샀습니다.

네팔의 차량 가격

네팔에서 자동차를 가지고 있는 사람들은 모두 부자라고 말할 수 있습니다. 왜냐하면 차 수입 때 내는 세금이 높기 때문에 찻값이 매우 비쌉니다. 차종에 따라 세금이 틀리지만 평균적으로 세금이 수입가의 200% 정도 됩니다. 차량 가격이 천만 원이라면 세금이 2천만 원, 그래서 판매가격이 3천만 원이 넘게 됩니다. 한국에서 경차로 분류되는 현대 아토즈도 네팔에서는 2천만 원이 넘네요. 기아 소렌토가 7천만 원 정도 하며, BMW, 벤츠와 같은 차량들은 1억이 훌쩍 넘습니다. 그에 비해 오토바이는 자동차보다 세금이 많이 싸기 때문에 쉽게 구입할 수 있습니다. 하지만 차량 가격이 비쌈에도 불구하고 매년 숫자는 늘어나고, 도로는 그대로이다 보니 카트만두의 교통 체증은 심해지고 있습니다.

2. 네팔어로 말하기

आज विहान हामी ढिलो सम्म सुत्यौं ।
아 저 비 한 하 미 딜 로 섬 머 수 또 웅
오늘 아침 우리는 늦게까지 잤습니다.

उसले हिजो कुन लुगा लगायो ?
우슬레 히조 꾼 루가 러가요?
그는 어제 무슨 옷을 입었나요?

उनीहरू हिजो स्कूल गएनन् ।
우니하루 히조 스쿨 거에넌
그들은 어제 학교에 가지 않았습니다.

तर उनीहरूले फुटबल खेले ।
떠러 우니하루레 풋볼 켈레
그러나 그들은 축구를 했습니다.

एक बर्ष अघि हामी अर्को घरमा सर्यौं ।
엑 버르사 어기 하미 어르꼬 거르마 서료웅
1년 전에 우리는 다른 집으로 이사했습니다.

उसले आज दाह्री काटेन ।
우슬레 아저 달히 까떼너
그는 오늘 수염을 깍지 않았습니다.

हिजो हामीले कोरीयन मम बनायौं ।
히조 하미레 코리안 머머 버나요웅
어제 우리는 한국 만두를 만들었습니다.

उनीहरूले आलुको तरकारी बनाए ।
우니하루레 알루꼬 떨까리 버나에
그들은 감자 반찬을 만들었습니다.

तिमीले हिजो के सिक्यौ ?
띠미레 히조 께 씨쿄우?
너는 어제 무엇을 배웠니?

3. 단어 익히기

चलाउनु (쩔라우누) = 운전하다, 작동하다

लगाउनु (러가우누) = (옷을) 입다

सर्नु (서르누) = 옮기다, 움직이다

काट्नु (까뜨누) = 자르다, 깎다

बनाउनु (버나우두) = 만들다

सिक्नु (씨끄누) = 공부하다, 배우다

ढिलो (딜로) = 늦은

चाँडो (짜로) = 빠른

लुगा (루가) = 옷

अर्को (어르꼬) = 다른

दाह्री (달히) = 수염

आलुको तरकारी (알루꼬 떨까리) = 감자 반찬

4. 문법 따라잡기

이번 수업에서는 '하미(우리)', '띠미(너)', '우(그)', '우니하루(그들)'에 해당하는 과거 시제의 동사변형을 알아보겠습니다. 이것까지 배우시면 앞으로 현재, 과거의 표현은 자유롭게 할 수 있습니다. 표를 통해서 각 인칭별 과거형 사용법을 확인하겠습니다.

네팔어	한국어	긍정형	부정형
하미	우리	Vs + 요읏	Vs + 에너웅
띠미	너	Vs + 요우	Vs + 에너우
우	그	Vs + 요	Vs + 에너
우니하루	그들	Vs + 에	Vs + 에넌

'머, 떠빠이, 우'와 같이 오늘 배운 인칭에서도 이전과 똑같이 타동사 과거형을 사용할 때는 주어를 변형하여 사용하여야 합니다.

하미 → 하밀레
띠미 → 띠밀레
우 → 우슬레
우니하루 → 우니하룰레

오늘 하루도 수고 하셨습니다.

18

나는 영화를 보러 갑니다. (~하러)

1. 오늘의 한 마디

आज म फिल्म हेर्न जान्छु ।
아저 머 필름 헤르너 잔추

नेपालमा हामी काम गर्न आयौँ ।
네팔마 하미 깜 거르너 아요웅

म दुई हप्ताको लागि घुम्न जान्छु ।
머 두이 홉따꼬 라기 굼너 잔추

해석
오늘 나는 영화를 보러 갑니다.
네팔에 우리는 일하러 왔습니다.
나는 2주간 여행하러 갑니다.

네팔의 영화

네팔에도 많은 영화관이 있지만 그중에서 헐리우드 영화가 개봉되는 곳은 두 군데밖에 없고 나머지는 모두 네팔 영화나 힌디 영화가 상영됩니다. 네팔에서 영화를 보다보면 깜짝 놀라는 것이 있는데 바로 영화 클라이맥스 장면 직전에 쉬는 시간이 있다는 겁니다. 긴장감이 극도로 달할 때 번쩍하고 극장의 모든 불이 켜지는데요. 그 때 화장실도 갔다 오고 10분 정도의 휴식을 갖습니다. 관객에대한 배려인가요? 힌디 영화의 경우 영화가 마치 한편의 뮤직비디오 같은데 중간 중간 주인공이 노래와 춤을 추며 극중 장면을 이어 갑니다. 힌디영화가 우리에겐 권선징악의 유치한 내용일 수 있지만 인도는 물론 네팔 및 주변 국가의 관객들을 사로잡습니다. 기회가 된다면 네팔에서 영화관을 한번 찾아보시는 건어떨까요?

2. 네팔어로 말하기

पाउरोटी किन्न जान्छु ।
빠우로띠 낀너 잔추
빵을 사러 갑니다.

आज राती मेरो घरमा खाना खान आउँनुस् ।
아저 라띠 메로 거르마 카나 카너 아우누스
오늘 저녁 우리 집에 식사 하러 오세요.

आज हामी गल्फ खेल्न जादैनौं ।
아저 하미 골프 켈너 자더이너웅
오늘 우리는 골프를 치러 가지 않습니다.

हिजो उनीहरू नेपाली सिक्न आएनन् ।
히조 우니하루 네팔리 시끄너 아에넌
어제 그들은 네팔어를 배우러 오지 않았습니다.

म अँग्रेजी सिकाउन जापानमा जान्छु ।
머 엉레지 시까우너 자빤마 잔추
나는 영어를 가르치러 일본에 갑니다.

उ काम गर्न अमेरीका गयो ।
우 깜 거르너 어메리까 거요
그는 일하러 미국에 갔습니다.

अब म सुत्न जान्छु ।
어버 머 수트너 잔추
이제 나는 자러 갑니다.

आज साथीको घरमा खाना पकाउन जान्छु ।
아저 사티꼬 거르마 카나 뻐까우너 잔추
오늘 친구 집에 밥을 하러 갑니다.

त्यो साथीलाई भेट्न बाटोमा पर्खन्छु ।
또 사틸라이 베트너 바또마 뻐르컨추
그 친구를 만나기 위해 길에서 기다립니다.

साथीको घरमा खाना पकाउन मासु किन्छु ।
사티꼬 거르마 카나 뻐까우너 마수 낀추
친구 집에서 밥을 하기 위해 고기를 삽니다.

3. 단어 익히기

~ को लागि (~꼬라기) = ~을 위하여

घुम्नु (굼누) = 여행하다, 돌아다니다

किन्नु (낀누) = 사다

खेल्नु (켈누) =(운동, 게임 등을)하다

सिकाउनु (씨까우누) = 가르치다

पढाउनु (뻐라우누) = ① (책을) 읽게 하다, ② 공부를 가르치다

फर्कनु (퍼르꺼누) = 돌아오다

पर्खनु (뻐르커누) = 기다리다

पकाउनु (뻐까우누) = (음식을)만들다

फकाउनु (퍼까우누) = 꼬시다

भेट्नु (베뜨누) = 만나다

4. 문법 따라잡기

1) ~을 하러 가다/오다

이번 수업에서는 두 가지 동사를 연결하는 방법을 배우겠습니다. 우리말로는 '~하러 가다/오다'가 되겠습니다. 어렵지 않게 가다/오다 동사 앞에 다른 동사를 붙이면 되는데 앞의 동사를 '카누(먹다)'를 '카너', '씨끄누(배우다)'를 '씨끄누'로 바꾸면 됩니다.

즉 앞의 동사는 '~누'에서 '~너'형으로 바꾸어 주고 뒤에 오는 동사는 배운 대로인칭, 시제에 따라 변형하여 사용하며 됩니다. 예문을 통해 확인하겠습니다.

a. 머 카너 잔츄 = 나는 먹으러 갑니다.

b. 머 씨끄너 잔츄 = 나는 배우러 갑니다.

c. 포카라마 굼너 아에 = 포카라에 놀러 왔습니다.

d. 우하 빠이샤 꺼마우너 꼬리야마 자누버요 = 그는 돈을 벌러 한국에 갔습니다.

2) ~라이

지난번에 감정이나 느낌을 나타낼 때는 주어 뒤에 '~라이'를 붙인다고 했습니다.
(예) 멀라이 먼빠르처(O), 머 먼빠르처(X)

'~라이'의 경우 이것 외에도 몇 가지 용법이 있는데 '누구에게 말하다', '누구에게 주다' 등과 같이 '~에게(to)'의 의미도 가지고 있습니다. 그래서 '번누(말하다)', '디누(주다)' 동사를 사용할 때는 꼭 '~라이'를 붙여야 합니다. 또 하나 '누구를 만나다'의 경우도 만나는 사람 뒤에 '~라이'를 붙여야 합니다.

a. 나는 이 이야기를 친구에게 말할 겁니
다. 머 요 꾸라 사티 번츄(X)
머 요 꾸라 사티라이 번츄(O)

b. 나는 돈을 아버지에게 주었습니다.
머 빠이샤 부아 디에(X)

머 삐이샤 부아라이 디에(O)

c. 나는 어제 터멜에서 친구를 만났다.
머 히조 터멜마 사티 베테(X)
머 히조 터멜마 사티라이 베테(O)

3) ~꼬 라기

'~꼬 라기'를 그대로 번역한다면 '~을 위하여'가 됩니다. 그래서 명사 뒤에 바로 '~꼬 라기'를 붙여서 사용할 수 있습니다.

a 돈을 벌기 위하여 갑니다. = 빠이샤 꺼마우너꼬 라기 잔츄

b. 돈을 위하여 갑니다. = 빠이샤꼬 라기 잔츄

또한 '~꼬 라기'는 기간을 나타낼 때 사용할 수도 있습니다. 영어 표현 'for'에 해당하죠.

a. 2주 동안 여행 간다. = 두이 홉따꼬 라기 굼너 잔츄

b. 1년 동안 미국에 공부하러 간다. = 엑 버르사꼬 라기 어메리까마 빠르너 잔츄

4) 자주 틀리는 동사

오늘은 배운 양이 꽤나 많네요. 수업을 마무리하면서 자주 사용하는 단어 가운데 발음이 비슷하여 자주 틀리는 동사를 소개하며 마치겠습니다.

a. 빠까우누 = (음식등을) 만들다
퍼까우누 = (무엇을 하도록) 꼬시다

b. 퍼르꺼누 = 돌아가다
빠르커누 = 기다리다

사진으로 떠나보는 네팔 여행

▲ 다양한 국적의 만남이 있는 네팔

▲ 첫 번째 네팔어 선생님과 함께

오늘 하루도 수고 하셨습니다.

19

물건을 사고 오겠습니다. (~을 하고)

1. 오늘의 한 마디

म सामान किनेर आउँछु ।

머 사만 끼네 러 아우추

म भुईंमा बसेर खान्छु ।

머 브이마 버세러 칸추

म कोरीयामा फर्केपछि विहा गर्छु ।

머 꼬리아마 퍼르께빠치 비하 거르추

해석

나는 물건을 사고 오겠습니다.
나는 바닥에 앉아서 겠습니다요.
나는 한국으로 돌아가서 결혼을 합니다.

대형화되는 쇼핑센터

제가 처음 네팔을 찾을 때만 해도 대형 슈퍼마켓 혹은 쇼핑센터가 몇 군데 없었습니다. 하지만 최근 연달아 개점하는 쇼핑센터나 대형 슈퍼마켓들을 보면 네팔에 있어서 지난 100년간보다 최근 10년간의 변화가 더 크지 않나 싶습니다. 하지만 아직까지 쇼핑을 여유롭게 즐길만한 인구가 많지 않아서인지 대형 쇼핑센터를 찾아보아도 썰렁한 것이 입점한 사람들의 임대료는 나올까 싶은 걱정을 하게 합니다. 그래도 웬만한 유명 브랜드 매장들은 다 들어와서 최소한 제가 필요한 것을 구입하기에는 아쉬운 점이 없네요. 요즘은 이러한 대형 쇼핑센터가 들어서서 그런지 서서히 네팔의 쇼핑인구도 증가하는 것 같습니다.

2. 네팔어로 말하기

म खाटमा बसेर कम्प्युटर चलाउँछु ।
머 카뜨마 버세러 컴퓨터 쩔라우추
나는 침대에 앉아서 컴퓨터를 합니다.

म अफिसमा गएर तपाइँलाई फोन गर्छु ।
머 오피스마 거에러 떠빠이라이 폰 거르추
나는 회사에 가서 당신에게 전화하겠습니다.

म कहिले काँही तपाइँको घरमा गएर तास खेल्छु ।
머 꺼힐레 까히 떠빠이꼬 거르마 거에러 따스 켈추
나는 가끔씩 당신 집에 가서 카드를 합니다.

इन्सक जी खाना खाएर आउनुस् मेरो घरमा केही पनि खानेकुरा छैन ।
인석 지 카나 카에러 아우누스 메로 거르마 께히 뻐니 카네꾸라 처이너
인석씨 밥을 먹고 오세요, 우리 집에는 아무것도 먹을 것이 없습니다.

म धेरैजसो सुतेर टिभी हेर्छु ।
머 데레이저소 수떼러 띠비 헤르추
나는 주로 누워서 TV를 봅니다.

म भात खाएपछि दाँत माभ्छु ।
머 바트 카에뻐치 다드 마즈추
나는 밥을 먹고 이를 닦습니다.

उ घरमा पुगेपछि नुहाउँछ ।
우 거르마 뿌게뻐치 누하우처
그는 집에 도착해서 씻습니다.

तिमी धनि भएपछि के के गर्छौ ?
띠미 더니 버에뻐치 께 께 거르초우?
너는 부자가 되고 무엇 무엇을 할 거니?

काम सिधिएपछि मलाई रक्सी खान मन लाग्छ ।
깜 시디에뻐치 멀라이 럭시 카너 먼 락처
일이 끝나고 나는 술을 먹고 싶습니다.

नेपाली भाषा सिके पछि तपाईं नेपाल जानुहुन्छ ?
네팔리 바사 씨께 빠치 떠빠이 네팔 자누훈처?
네팔어를 배우고 당신은 네팔에 가십니까?

म पैसा कमाएर नयाँ घर किन्छु ।
머 빠이사 꺼마에러 너야 거르 낀추
나는 돈을 벌고 새집을 살겁니다.

म पोखरा गएर प्याराग्लाईडिङ गर्छु ।
머 포카라 거에러 빠라그라이딩 거르추
나는 포카라에 가서 페러그라이딩을 할겁니다.

तपाई नेपालमा गएर बन्जीजम्प गर्नुस् ।
떠빠이 네팔마 거에러 번지점프 거르누스
당신은 네팔에 가서 번지점프를 하세요.

म गएँ, तर डर लागेर गरिन ।
머 거에, 떠러 덜 라게러 거리너
나는 갔었습니다. 그러나 겁이 나서 하지 않았습니다.

3. 단어 익히기

भुँइ (브이) = 바닥

विह (비하) = 결혼

विह गर्नु (비하 거르누) = 결혼하다

खानेकुरा (카네꾸라) = 먹을 것

...कुरा (...꾸라) = ...것(영어thing에 해당함.)

दाँत (다드) = 이 (치아)

माझ्नु (마즈누) = ① 닦다 ② (그릇을) 씻다

पुग्नु (뿌그누) = 도착하다

नुहाउनु (누하우누) = (몸을)씻다

मन लाग्छ (먼 락처) = 하고 싶다

डर लाग्छ (덜 락처) = 무섭다

धेरैजसो (데러이저소) = 주로, 대부분

4. 문법 따라잡기

1) ~을 한 뒤에 (Vs +에러, Vs +에뻐치)

이번 수업에서는 '무엇 무엇을 한 뒤에'의 표현을 배우겠습니다. ~을 하고, ~을 한 뒤에, ~을 한 다음에 등을 말하는 표현할 수 있는 네팔어는 두 가지가 있습니다. 'Vs + 에러', 'Vs + 에뻐치' 두 가지 모두 똑같은 뜻이므로 둘 다 사용하면 됩니다.

a. 낀누(사다)
끼네러 = 사고
끼네뻐치 = 산 뒤

b. 누하우누(씻다)누하에
러 = 씻고
누하에뻐치 =씻은 다음

c. 거르누(하다)
거레러 = 하고
거레뻐치= 하고난 뒤

d. 아우누(오다)
아에러 = 와서
아에뻐치= 오고 난 뒤

위의 문형을 이용하여 예문을 만들면 아래와 같습니다.

예) 끼네러(끼네빠치) 아우추 = 사과를 사서 올게요.
누하에러(누하에뻐치) 수트추 = 씻고 난 뒤에 잡니다.
아에러(아에뻐치) 꾸라 거로옹 = 와서 이야기 합시다.

2) 불규칙 동사

위의 표현을 사용할 때 한 가지 기억할 것은 지난번 배운 '머(나)', '하미(우리)'의 과거시제에서 불규칙 동사라고 말했던 것들이 여기에서도 적용된다는 것입니다. 이미 배운 다섯 가지 불규칙 동사를 기억하시고 적용하면 됩니다.

a. 자누(가다)
거에러 = 가서
거에빼치 = 가고 난 뒤

b 루누(울다)
로에러 = 울고
로에빼치 = 울고 난 뒤

사진으로 떠나보는 네팔 여행

▲ 네팔의 전통 결혼식 장면

▲ 느긋한 네팔사람을 닮아 어디서든 낮잠을 자고 있는 네팔의 개

오늘 하루도 수고 하셨습니다.

20

자기 전에 약을 먹습니다. (~을 하기 전에)

1. 오늘의 한 마디

म सुत्नु भन्दा अघि औषधी खान्छु ।
머 수뜨누 번다 어기 어우서디 칸추

म नेपालमा जानु भन्दा अघि नेपाली सिक्छु ।
머 네 팔 마 자 누 번 다 어 기 네 팔 리 시 끄 추

तपाइँ मोटरसाईकल किन्नुस, त्यसपछि हामी संगै घुम्न जाऔं ।
떠 빠 이 모 터 사 이 클 낀 누 스 떼스뻐치 하미 성거이 굼너 자어웅

해석

나는 자기 전에 약을 먹습니다.
나는 네팔에 가기 전에 네팔어를 배웁니다.
당신은 오토바이를 사세요. 그런 다음 우리 함께 놀러 갑시다.

네팔의 석청

네팔의 석청이 언제부터인가 한국 사람들에게 인기를 얻고 있습니다. 석청의 경우 고도 3000m 이상의 고지대에서 서식하는 벌들이 극한의 환경을 이기고 자란 꽃을 통해서 만든 꿀을 말합니다. 히말라야 트레킹을 가다 보면 높은 절벽 중간 중간에 큰 벌집이 있는 것을 볼 수 있습니다. 이것을 '빠랑게'라고 불리는 전문가들이 전통적인 방법을 통해 채취합니다. 경과된 햇수와 어떤 지역에서 채취하였나에 따라 가격이 천차만별인데 좋은 것들은 가격이 상당히 비쌉니다. 효능 효과는 사람들마다 워낙 서로 달라서 정확히 알 수 없지만 직접 드신 분들 말에 의하면 몸에는 좋은 것 같다고 합니다. 하지만 석청에서 나오는 일부 독성분으로 한국식약청에서는 현재 네팔산 석청의 수입을 금지한 상태입니다.

2. 네팔어로 말하기

पहिला काम सिध्याउनुस त्यसपछि जानुस् ।
빼힐라 깜 시댜우누스, 떼스빼치 자누스
먼저 일을 끝내세요, 그런 다음 가세요.

तपाइँ गृहकार्य गर्नुस, त्यसपछि मात्र सुत्नुस् ।
떠빠이 그리허까려 거르누스 떼스빼치 맞뜨러 수트누스
당신 숙제를 하세요, 그런 다음에만 주무세요.

हामी ट्रेकिङजानु भन्दा अघि सामान किन्छौं ।
하미 트레킹자누 번다 어기 사만 낀처웅
우리는 트레킹에 가기 전에 물건을 삽니다.

म खाना खानुभन्दा अघि हात धुन्छु ।
머 카나 카누번다 어기 하뜨 둔추
나는 밥을 먹기 전에 손을 씻습니다.

वहाँले साथीहरू आउनुभन्दा अघि घर सफा गर्नुभयो ।
우할레 사티하루 아우누번다 어기 거르 서파 거르누봐요
그는 친구들이 오기 전에 집을 청소 하였습니다.

म खान ाखानु भन्दा अघि सधै प्रार्थना गर्छु ।
머 카나 카누 번다 어기 서더이 프라터나 거르추
나는 밥을 먹기 전에 항상 기도를 합니다.

मैले कम्प्यूटर अन गरें त्यसपछि पासवर्ड हालें ।
머일레 컴퓨터 언 거레 떼스빼치 패스워드 할레
나는 컴퓨터를 켰습니다, 그런 다음 비밀번호를 넣었습니다..

म अफिसमा काम गर्नु भन्दा अघि विद्यार्थी थिएँ ।
머 오피스마 깜 거르누 번다 어기 비띠아띠 티에
나는 회사에서 일하기 전에 학생 이었습니다.

तपाईं यो किताब पढ्नु भन्दा अघि त्यो किताब पढ्नुस् ।
떠빠이 요 끼땁 뻐르누 번다 어기 띠요 끼땁 뻐르누스
당신은 이 책을 읽기 전에 저 책을 읽으세요.

3. 단어 익히기

~ भन्दा (~번다) = ~보다(비교급)

~ भन्दा अघि (अगाडि) (~번다 어기(어가리)) = ~보다 전에

औषधी (아우셔디) = 약

हात (하뜨) = 손

सफा (서파) = 깨끗한

प्रार्थना (프러터나) = 기도

प्रार्थना गर्नु (프러터나 거르누) = 기도 하다

सफा गर्नु (서파 거르누) = 청소하다

हात धुनु (하뜨 두누) = 손을 씻다

घुम्न जानु (굼너 자누) = 여행가다

अन गर्नु (언 거르누) = (전자제품, 스위치 등) 켜다 (on)

अफ गर्नु (어프 거르누) = (전자제품, 스위치 등) 끄다 (off)

पासवर्ड हाल्नु (패스워드 할누) = 비밀번호를 넣다 (password)

4. 문법 따라잡기

지난 수업에서는 '~를 한 뒤 ~를 하다' 형의 문장을 배웠는데, 이번 과에서는 '~를 하기 전에 ~를 하다' 문장을 배우도록 하겠습니다. '~를 하기 전에'는 네팔어로 다음과 같이 표현할 수 있습니다.

1) V +번다 어기 = ~하기보다 전에
2) V +어기 = ~하기 전에

두 가지 모두 비슷한 의미를 가지고 있으므로 자유롭게 사용할 수 있습니다. 동사 원형을 먼저 넣고 '번다 어기' 혹 '어기'를 넣으면 됩니다. 그리고 나머지 문장을 완성하면 됩니다.

예)

a. 카나 카누 번다 어기 = 밥 먹기 전에

b. 이스쿨 자누 번다 어기 = 학교 가기 전에

c. 사티 베트누 번다 어기 = 친구를 만나기 전에

이렇게 스무 번째 수업을 마무리하게 되었습니다. 실제 발음이나 음성 없이 책과 글로만 네팔어를 배우다 보면 정확한 발음을 익히기가 어렵습니다. 반드시 본문 예제 녹음파일을 들으면서 현지 네팔 사람의 발음을 들으면서 공부하시면 정확한 네팔어를 사용할 수 있습니다.

오늘 하루도 수고 하셨습니다.

21

한국 보다 네팔이 큽니다. (비교급 표현)

1. 오늘의 한 마디

दक्षिण कोरीया भन्दा नेपाल ठूलो छ ।
덕친 꼬리야 번다 네팔 툴로 처

मलाई कोक भन्दा रक्सी मन पर्छ ।
멀라이 꼬끄 번다 럭시 먼 뻐르처

म भन्दा तपाईं अग्लो हुनुहुन्छ ।
머 번다 떠빠이 어글로 후누훈처

해석

한국(남한)보다 네팔이 큽니다.
나는 콜라 보다 술을 좋아합니다.
나 보다 당신이 (키가) 큽니다.

네팔에서의 남북한

네팔에는 두 개의 'Korean Embassy'가 있습니다. 하나는 한국 대사관이고 다른 하나는 북한 대사관입니다. 길을 모르는 상황에서 택시 기사에게 'Korean Embassy'에 가자고 하면 때로는 북한 대사관 앞에 세워줄 수도 있으니 잘 확인하시기 바랍니다. 네팔과 북한의 교류는 크지는 않지만 북한에서 지원한 병원이 있어서인지 북한 의사들의 소식을 종종 들을 수 있습니다. 그리고 북한 음식으로 유명한 옥류관이 카트만두에 분점을 내고 영업하고 있어 관련된 종업원들도 살고 있습니다. 가끔씩 한국 친구가 있다는 네팔 사람과 이야기를 하다보면 그 사람이 북한 사람인 경우가 있었는데 이상하게 경계하게 되더군요. 언젠가는 네팔에 하나의 한국 대사관만 있기를 기대해 봅니다.

2. 네팔어로 말하기

यो रेस्टुरेन्टमा भन्दा त्यो रेस्टुरेन्टमा खाना मिठो छ ।
요 레스토랑마 번다 뚀 레스토랑마 카나 미토 처
이 식당보다 저 식당 음식이 맛있습니다.

काठमाण्डुमा भन्दा चितवनमा गर्मी हुन्छ ।
카트만두마 번다 치뜨완마 거르미 훈처
카트만두보다 치트완이 덥습니다.

म भन्दा मेरो दाई धनी हुनुहुन्छ ।
머 번다 메로 다이 더니 후누훈처
나보다 나의 형이 부자입니다.

मेरो बहिनी भन्दा मेरो आमा होंचो हुनुहुन्छ ।
메로 버히니 번다 메로 아마 호쪼 후누훈처
나의 여동생보다 나의 어머니가 작습니다.

उसको घर भन्दा तपाइँको घर ठूलो छ ।
우스꼬 거르 번다 떠빠이꼬 거르 툴로 처
그의 집보다 당신의 집이 큽니다.

काठमाण्डु भन्दा पोखरा सफा छ ।
카트만두마 번다 포카라 서파 처
카트만두보다 포카라가 깨끗합니다.

चिया भन्दा जुस महंगो छ ।
찌야 번다 주스 머헝고 처
찌야보다 주스가 비쌉니다.

तपाइँको नेपाली मेरो कोरीयन भन्दा राम्रो छ ।
떠빠이꼬 네팔리 메로 코리안 번다 람므로 처
당신의 네팔말이 나의 한국말보다 훌륭하네요.

मलाई कफि भन्दा चिया मन पर्छ ।
멀라이 커피 번다 찌야 먼 빠르처
나는 커피보다 찌야를 좋아합니다.

पढ्न भन्दा खेल्न रमाईलो हुन्छ ।
빠드너 번다 켈너 러마일로 훈처
공부보다 노는 것이 재미있습니다.

3. 단어 익히기

दक्षिण (덕친) = 남쪽

दक्षिण कोरीया (덕친 꼬리아) = 남한

अग्लो (어글로) = 크다

होंचो (호쪼) = 작다

मिठो (미토) = 맛있다

गर्मी (거르미) = 덥다

जाडो (자로) = 춥다

ठूलो (툴로) = 크다

सफा (서파) = 깨끗하다

फोहर (포허러) = 더럽다

महंगो (머헝고) = 비싸다

बाक्ला (바끌로) = 두껍다

पातलो (빠딸로) = 얇다

राम्रो (람므로) = 좋다

धनी (더니) = 부유하다

गरिब (거립) = 가난하다

रमाईलो (러마일로) = 재미있다

4. 문법 따라잡기

지난 과에서 '~하기보다 전에'를 배웠습니다. 네팔 말로 '~번다 어기'입니다. 이를 통해 '번다'는 한국말로 '~보다'라는 것을 알 수 있습니다. 그래서 이번 수업에서는 이 문형을 사용하여 예문에서 소개한 것처럼 여러 가지 비교급 문장 만드는 법을 배우겠습니다.

예문)
거르미 번다 자로 먼 빠르처 = 더운 것보다 추운 것을 좋아합니다.
가리 번다 사이클 서스또 처 = 자동차보다 자전거가 쌉니다.
떠빠이 번다 머 스마트 처 = 당신보다 내가 똑똑합니다.
코리아마 번다 네팔마 빠할 데레이 처 = 한국보다 네팔에 산이 많습니다.

예문과 같이 '번다'를 이용하여 다양한 문장을 만들 수 있습니다. 그리고 최상급 문장을 만들기 위해서는 형용사 앞에 '섭번다'를 붙이시면 됩니다.

예문)
섭번다 미토 처 = 가장 맛있다.
섭번다 툴로 처 = 가장 크다.
섭번다 치토 처 = 가장 빠르다.

현대 네팔어는 때때로 영어 형용사를 그대로 사용하는 경우가 많습니다. 이렇게 대부분의 영어 단어가 통용되다 보니 간단한 단어인데도 가끔은 네팔어로 생각나지 않는 경우도 있습니다. 그런데 우리뿐 아니라 네팔 사람들도 영어 단어를 자주 사용하다 보니 갑자기 '이 말이 네팔말로 뭐야?'라고 물으면 바로 대답하지 못하는 경우도 많습니다. 영어를 많이 사용하는 네팔이다 보니 사실 외국인에게는 편할지도 모르겠습니다. 다음과 같은 예문들은 네팔에서 사용될 수 있는 표현 들입니다.

핸섬 처 = 잘생겼다, 스마뜨 처 = 똑똑하다, 세이프 처 = 안전하다,
빠스트 처 = 빠르다, 호러블 처 = 끔찍하다, 스페셜 처 = 특별하다 등등

오늘 하루도 수고 하셨습니다.

22

나 이대 나온 여자야! (동사로 명사 수식하기 1)

1. 오늘의 한 마디

म नेपालमा उमालेको पानी मात्र खान्छु ।

머 네팔마 우말레꼬 빠니 마뜨러 칸추

म ईदेमा पढेको केटी हुँ ।

머 이대마 뻐레꼬 깨띠 호

तपाइँले लगाएको लुगा राम्रो छ ।

떠빠일레 러가에꼬 루가 람므로 처

해석

나는 네팔에서 끓인 물만 먹습니다.
나 이대 나온(공부한) 여자야!
당신이 입은 옷 좋네요.

네팔의 학제

네팔의 교육과정은 10+2+대학과정 입니다. 10학년을 마치면 우리나라 수능과 같은 SLC(School Leaving Certificate) 시험을 치게 되고 SLC에 통과한 사람에 한해서 전공을 정하여 +2과정을 들어가게 됩니다. 이 과정이 우리나라로 치면 고등학교 과정이지만 이 나라에서는 College라 부릅니다. +2과정을 모두 마치면 대학에 입학하게 되는데 공대, 경영대 등 일부 과정을 제외한 학사과정들은 3년 과정입니다. 네팔에는 수많은 칼리지들이 있지만 학위를 줄 수 있는 대학은 4곳밖에 없습니다. 각각의 교육은 사립대학에서 하지만 최종 학위는 그 칼리지가 등록되어 있는 대학의 학위를 받게 됩니다. 국립대학의 경우 1년 등록금이 몇 천 루피이지만 일부 유명 사립 캠퍼스는 등록금이 그것의 수십 배가 되기도 합니다.

2. 네팔어로 말하기

तपाइँले किनेको बाईक कति पऱ्यो ?
떠빠일레 낀네꼬 바이크 꺼띠 뻐료?
당신이 산 오토바이는 얼마였습니까?

त्यहाँ आगो बलेको घर कसको हो ?
따하 아고 벌레꼬 거르 꺼스꼬 호?
저기 불탄 집은 누구 집입니까?

पोखरामा हामी बसेको होटेलको नाम फिसटेल हो ।
포카라마 하미 버세꼬 호텔꼬 남 피쉬테일 호
포카라에서 우리가 지낸 호텔 이름은 피쉬테일입니다.

उसले लगाएको घडी तपाइँलाई कस्तो लाग्यो ?
우슬레 러가에꼬 거디 떠빠일라이 꺼스또 라교?
그가 차고 있는 시계를 당신은 어떻게 생각합니까?

हिजो आएको मान्छे अहिले पनि मेरो घरमा छ ।
히조 아에꼬 만체 어힐레 뻐니 메로 거르마 처
어제 왔던 사람은 지금도 우리 집에 있습니다.

मैले अगाडि सिकेको कुरा सबै बिर्सें ।
머일레 어가리 시께꼬 꾸라 서버이 비르세
나는 전에 배웠던 것들을 모두 잊어버렸습니다.

हिजो हेरेको फिल्म राम्रो छ ।
히조 헤레꼬 필림 람므로 처
어제 봤던 영화는 좋습니다.

तपाइँले दिएको क्यामेरा बिग्रियो ।
떠빠일레 디에꼬 카메라 비그리요
당신이 줬던 카메라는 고장 났습니다.

तपाइँले लेखेको (पठाएको)इमेल बुझिन ।
떠빠일레 레케꼬(뻐타에꼬) 이메일 부지너
당신이 썼던(보냈던) 이메일을 이해 못하겠습니다.

एक महिना अघि चिनेको साथी भोलि नेपाल जान्छ ।
엑 머히나 어기 찌네꼬 사티 볼리 네팔 잔처
한 달 전에 알게 된 친구가 내일 갑니다.

त्यो टेबुलमा भएको मोबाईन कस्को हो ?
뚀 떼블마 버에꼬 모바일 꺼스꼬 호?
저기 책상에 있는 핸드폰은 누구 것입니까?

ठमेलमा भएको रेस्टुरेन्टहरू महंगो छ ।
터멜마 버에꼬 레스또랑허루 머홍고 처
터멜에 있는 식당들은 비쌉니다.

लामो कपाल भएको केटी मन पर्छ ।
라모 꺼빨 버에꼬 깨띠 먼 뻐르처
긴 머리의 여자를 좋아합니다.

गाडी भएको मान्छे गरिब होइन ।
가리 버에꼬 만체 거립 호이너
차를 가지고 있는 사람은 가난하지는 않습니다.

तपाइँले पकाएको खाना मिठो छैन ।
떠빠일레 뻐까에꼬 카나 미토 처이너
당신이 만든 음식은 맛이 없습니다.

3. 단어 익히기

उमार्नु (우말누) = 끓이다
मात्र (마뜨러) = 오직, 뿐
लगाउनु (러가우누) = 입다, 차다
लुगा (루가) = 옷
आगो (아고) = 불
आगो बाल्नु (아고 발누) = 불 피우다
आगो बाल्नु (아고 벌누) = 불이 나다
कसको (꺼스꼬) = 누구의
अगाडि (어가리) = 앞에
पछाडि (뻐차리) = 뒤에
विर्सनु (비르서누) = 잊어버리다
बिग्रिनु (비그리누) = 고장나다

बिगार्नु (비가루누) = 고장내다
बुझ्नु (부즈누) = 이해하다
चिन्नु (찐누) = (사람을) 알다
देश (데스) = 나라
विदेश (비데스) = 외국
विदेशी (비데시) = 외국인

4. 문법 따라잡기

1) 동사로 명사 수식하기(Vs +에꼬)

'나 이대 나온 여자야'… 영화 타짜에 나오는 대사 입니다. 이번 수업에서 배울 내용과 관련이 있어 예문으로 넣어 봤습니다. 이것을 보고 오늘 무엇을 배울지 짐작하셨습니까? 바로 '이대 나온 여자'를 말할 수 있는 방법, 즉 동사로 명사를 꾸며주는 방법을 공부하겠습니다.

'네팔어로 말하기'에서 보듯이 '히조 헤레꼬 필림= 에제 본 영화', '떠빠일레 디에꼬 카메라 = 당신이 준 카메라' 등과 같이 동사원형 말미의 '누'를 빼고 '에꼬'를 붙여 '~ 한 무엇'의 형태로 문장을 만들 수 있는데, 아주 유용한 표현임으로 잘 익혀 두시기 바랍니다.

예)
카에꼬 카나 = 먹었던 음식
베테꼬 사티 = 만났던 친구
버세꼬 데스 = 살았던 나라

2) 얼마였습니까?

가격을 물을 때 '얼마입니까?'는 '꺼띠 호?', '꺼서리 호?'와 같이 여러 가지 표현이 있다는 것을 배웠습니다. 하지만 과거형으로 표현할 때는 '꺼띠 뻐료? = 얼마였습니까?'로만 사용할 수 있습니다. 유의하시기 바랍니다.

오늘 하루도 수고 하셨습니다.

23

일하는 회사 이름이 뭐예요? (동사로 명사 수식하기 2)

1. 오늘의 한 마디

मेरो सुत्ने कोठा ठूलो छ ।
메로 수트네 꼬타 툴로 처

तपाइँले काम गर्ने अफिसको नाम के हो ?
떠빠일레 깜 거르네 오피스꼬 남 께 호?

मिठो कोरीयन खाना पाइने रेस्टुरेन्ट कहाँ छ ?
미토 꼬리안 카나 빠이네 레스토랑 꺼하 처?

해석

내가 잠자는 방은 큽니다.
당신이 일하는 회사 이름이 무엇입니까?
맛있는 한국 음식이 있는 식당은 어디 있습니까?

네팔의 초중등교육

오늘은 네팔의 초중등교육에 대해 소개하겠습니다. 10학년까지 교육하게 되는 (이)스쿨에는 공립과 사립 두 종류가 있습니다. 공립학교(설까리 스쿨)는 정부에서 운영하는 학교로서 저렴한 학비(월 300루피)에 5학년까지는 무상교육(의무교육은 아님)이 이루어지기 때문에 원하는 사람은 누가나 다닐 수 있습니다. 모든 교제는 네팔어로 되어있습니다. 사립학교(보딩 스쿨)는 학교 시설에 따라 학비가 천차만별이고 모든 수업이 영어로 진행됩니다. 학교 교칙이 엄격한 곳은 학생들끼리도 영어를 사용하도록 하고 있습니다. 공립학교와 사립학교 간에 교육의 질이나 시설이 워낙 차이가 나다보니 부모들은 학비에 부담을 가지면서도 아이들을 사립학교서 보내고 싶어 합니다.

2. 네팔어로 말하기

म बस्ने ठाउँ एकदम राम्रो छ ।
머 버스네 타우 엑덤 람므로 처
내가 살고 있는 동네는 아주 좋습니다.

तपाइँले प्रयोग गर्ने कम्प्युटर ठिक छ ?
떠빠일레 쁘러요그 거르네 컴퓨터 틱 처?
당신이 사용하는 컴퓨터는 괜찮습니까?

मैले चलाउने गाडीले तेल धेरै खान्छ ।
머일레 쩔라우네 가리레 뗄 데레이 칸처
내가 운전하는 차는 기름을 많이 먹습니다.

म सधैं आउने बाटो आज बन्द छ ।
머 서더이 아우네 바토 아저 번다 처
내가 항상 오는 길이 오늘 막혔습니다.

तपाइं सधैं जाने रेस्टुरेन्ट बन्द भयो रे ।
떠빠이 서더이 자네 레스또랑 번다 버요 레
당신이 항상 가는 식당이 문을 닫았다네요.

कोरीयन भाषा सिक्ने नेपाली धेरै छन रे ।
코리안 바사 시끄네 네팔리 데레이 천 레
한국어를 배우는 네팔 사람이 아주 많데요.

नेपालमा धेरे रक्सी खाने मान्छे त्यती छैन ।
네팔마 데레이 럭시 카네 만체 떼띠 처이너
네팔에는 술 많이 먹는 사람이 그리 많지는 않습니다.

मलाई खाना पकाउने मान्छे एक जना चाहिन्छ ।
멀라이 카나 뻐까우네 만체 엑 저 나 짜 힌 처
나는 요리를 하는 사람이 한 명 필요합니다.

मेरो घरमा नुहाउने साबुन सिद्धियो ।
메로 거르마 누하우네 사분 시디요
나의 집에 씻는 비누가 다 떨어졌습니다.

आजभोली कोरीयामा अंग्रेजी राम्रो बोल्ने मान्छे धेरै छन् ।
아저볼리 코리아마 엉레지 람므로 볼네 만체 데레이 천
요즘 한국에는 영어를 잘 하는 사람이 아주 많습니다.

अहिले खाना खाने बेला भयो ।
어힐레 카나 카네 벨라 버요
이제 밥 먹을 시간이 되었습니다.

मेरो नङ टोक्ने बानी छ ।
메로 넝 또끄네 바니 처
나는 손톱을 깨무는 습관이 있습니다.

वहाँको ढिलो सुत्ने बानी छ ।
우하꼬 딜로 수트네 바니 처
그는 늦게 자는 습관이 있습니다.

मेरो अर्को बर्ष बिवाह गर्ने विचार छ ।
메로 어르꼬 버르사 비하 거르네 비자르 처
나는 내년에 결혼할 생각이 있습니다.

यो विदामा तपाइको के गर्ने विचार छ ?
요 비다마 떠빠이꼬 께 거르네 비자르 처?
이번 휴일에 당신은 무었을 할 생각입니까?

3. 단어 익히기

कोठा (꼬타) = 방

एकदम (엑덤) = 아주 ('데레이'보다 큰 표현)

प्रयोग (쁘러요그) = 사용

तेल (뗄) = 기름

बाटो (바토) = 길

भाषा (바사) = 언어

कोरीयन भाषा (꼬리안 바사) = 한국어

त्यति (떼띠) = 그리, 그다지 (부정형에만 사용)

अंग्रेजी (엉그레지) = 영어

साबुन (사분) = 비누

नङ (넝) = 손톱

सुत्नु (수트누) = 자다

प्रयोग गर्नु (쁘러요그 거르누) = 사용하다

नुहाउनु (누하우누) = 씻다

टोक्नु (또끄누) = 깨물다

4. 문법 따라잡기

1) 동사로 명사 수식하기 (Vs +네)

지난번 수업에 이어서 이번 수업에서도 동사로 명사를 꾸미는 방법을 배우겠습니다. 지난 수업에서는 'Vs+꼬+무엇'을 사용하여'~한 무엇'을 표현할 수 있게 되었습니다. 이번 수업은 'Vs+네+무엇'으로 변형시켜 '~하는 무엇'을 배우겠습니다.

비슷한 것 같으면서도 다른 표현입니다. 어제 배운 문형은 이미 경험하거나 지나간 동사를 사용할 때이고, 오늘 배우는 '~네'는 앞으로 일어날 일이나 일반적인 경우에 사용하게 됩니다. 앞의 '네팔어로 말하기'에 나온 예문을 살펴보며 사용 방법을 익혀 봅시다.

a. 누하우누(씻다), 사분(비누)
   누하우네 사분 = 씻는 비누

b. 머(나), 버스누(살다), 타우(장소, 동네)
머 버스네 타우 = 내가 사는 동네

c. 엉그레지(영어), 람므로(잘), 볼누(말하다), 만체(사람)
엉그레지 람므로성거 볼네 만체 = 영어를 잘하는 사람

2) ~을 할 시간 (Vs +네 벨라 버요)

'Vs+네' 형식을 이용하여 '~을 할 시간이다'라는 표현을 할 수 있습니다.

a. 카누(먹다)
카나 카네 벨라 버요 = 밥 먹을 시간입니다.

b. 우트누(일어나다)
우트네 벨라 버요 = 일어날 시간입니다.

c. 베뜨누(만나다)
베뜨네 벨라 버요 = 만날 시간입니다.

3) ~할 생각이 있다 / 없다 (Vs +네 비자르)

'Vs+네 비자르' 형식을 이용하여 '~을 할 생각이 다/ 없다'를 표현할 수 있습니다.

a. 거르누(하다)
거르네 비자르 처 / 처이너 = 할 생각이 있다. / 없다.

b. 아우누(오다)
아우네 비자르 처 / 처이너 = 올 생각이 있다. / 없다.

4) ~하는 습관이 있다 / 없다 (Vs +네 바니)

마지막으로 배울 내용은 '~하는 습관이 있다 / 없다'입니다. 이 표현은 위 문형과 같지만 '비자르'대신 '바니'를 넣어 주면 됩니다.

a. 또끄누(깨물다)
   또끄네 바니 처 / 처이너 = 깨무는 습관이 있다. / 없다.

b. 어드끼누(버벅하는)
   어드끼네 바니 처 / 처이너 = (말을)버벅하는/더듬는 습관이 있다. / 없다.

그리고 3), 4) 항 표현에서 주어를 넣을 경우 '머', '떠빠이', '우하'가 아닌 '메로, '떠빠이꼬', '우하꼬'와 같이 소유격으로 사용하여야 합니다. 그리고 해석할 때는 일반 문형으로 해석합니다. 즉 '떠빠이꼬', '메로'를 우리나라 말로 직역하면 '당신의', '나의'이지만 이 표현에서는 '당신은', '나는'으로 해석하는 게 맞습니다. 헷갈리지 않도록 주의하시기 바랍니다.

a. 메로 깜 거르네 비자르 처 = 나는(나의X) 일할 생각이 있다.

b. 떠빠이꼬 서더이 럭시 카네 바니 처 = 당신은(당신의X) 항상 술 먹는 버릇이 있다.

오늘 하루도 수고 하셨습니다.

24

몇 살입니까? (나이, 기간 묻기)

1. 오늘의 한 마디

तपाइँको उमेर कति भयो ?
떠빠이꼬 우메르 꺼띠 버요?

तपाइँको विवाह भएको कति भयो ?
떠빠이꼬 비하 버에꼬 꺼띠 버요?

नभेटेको धेरै भयो ।
너베떼꼬 데레이 버요

해석
당신은 나이가 얼마나 됩니까?(몇 살입니까?)
당신은 결혼하신지 얼마나 되셨습니까?
만난 지 오래 되었네요.(오랜만입니다.)

네팔인의 결혼

한국에서는 몇 살 정도에 결혼하나요? 많이 받는 질문이면서 대답하기 어려운 질문입니다. 평균 연령으로 30대 전후로 하긴 하지만 이보다 빨리하거나, 늦게 하는 사람도 주변에 많으니 말입니다. 네팔 사람의 경우도 몇 살쯤 결혼을 한다고 말하기가 너무 어렵습니다. 시골이거나 교육을 많이 받지 못한 사람일수록 결혼 시기가 빠른 경향이 있습니다. 하지만 대학교육을 모두 마친 사람이라면 한국보다는 조금 빠르지만 보통 20대 중후반쯤 결혼을 하는 것 같습니다. 하지만 우리의 결혼 문화가 변한 것처럼 네팔도 시간이 지나면서 조금씩 변하고 있습니다. 그래서 이제는 네팔에서도 중매결혼보다 연예결혼이 많아지고, 결혼의 연령대도 조금씩 높아지는 것을 볼 수 있습니다.

2. 네팔어로 말하기

तपाइँको बिहा भयो ?
떠빠이꼬 비하 버요?
당신은 결혼 하셨습니까?

मेरो विवाह भएको दुई बर्ष भयो ।
메로 비하 버에꼬 두이 버르사 버요
나는 결혼 한지 2년 되었습니다.

मेरो दाईको विवाह भएको पाँच बर्ष भयो ।
메로 다이꼬 비하 버에꼬 빠쯔 버르사 버요
우리 형은 결혼 한지 5년 되었습니다.

मेरो बहिनीको विवाह भएको छैन ।
메로 버히니꼬 비하 버에꼬 처이너
나의 여동생은 아직 결혼을 하지 않았습니다.

मेरो बहिनीको उमेर बीस बर्ष भयो ।
메로 버히니꼬 우메르 비스 버르사 버요
나의 여동생의 나이는 20살입니다.

तपाइँको बुवाको उमेर कति भयो ?
떠빠이꼬 부아꼬 우메르 꺼띠 버요?
당신의 아버지의 나이는 얼마입니까?

मेरो साथीको उमेर चालीस बर्ष भयो ।
메로 사티꼬 우메르 짤리스 버르사 버요
나의 친구의 나이는 40살입니다.

तर विवाह भएको छैन ।
떠러 비하 버에꼬 처이너
그러나 아직 결혼은 하지 않았습니다.

म नेपालमा आएको तीन महिना भयो ।
머 네팔마 아에꼬 띤 머히나 버요
나는 네팔에 온지 3개월이 되었습니다.

तपाइँले यो गाडी किनेको कति भयो ?
떠빠일레 요 가리 끼네꼬 꺼띠 버요?
당신은 이 차를 산지 얼마나 되었습니까?

मैले यो गाडी किनेको करिब दुई बर्ष भयो ।
머일레요 가리 끼네꼬 꺼립 두이 버르사 버요
나는 이 차를 산지 거의 2년이 되었습니다.

मैले कोरीयन खाना नखाएको एक महिना भयो ।
머일레 코리안 카나 너카에꼬 엑 머히나 버요
나는 한국 음식을 못 먹은 지 한 달이 되었습니다.

मैले त्यो केटीलाई भेटेको एक हप्ता भयो ।
메일레 뚀 깨띠라이 베떼꼬 엑 홉따 버요
나는 그 여자를 만난 지 1주일 되었습니다.

तपाइँ कहिले विवाह गर्नुहुन्छ ?
떠빠이 꺼힐레 비하 거르누훈처?
당신은 언제 결혼 하십니까?

3. 단어 익히기

उमेर (우메르) = 나이

बर्ष (버르사) = 해, 년

महिना (머히나) = 월

हप्ता (홉따) = 주

4. 문법 따라잡기

1) 나이 물어보기, 말하기

나이를 물어보는 말에는 여러 가지 표현이 있으나 보편적으로 아래처럼 사용합니다.

예) 떠빠이꼬(우하꼬) 우메르 꺼디 버요?
당신(그)의 나이는 얼마입니까?

예) 메로 우메르 비스 버르사 버요
저는 스무 살 입니다.

2) ~한지 얼마나 되었다. (Vs +에꼬)

만난 지 3달이 되었다, 산지 1년이 되었다는 표현처럼 기간을 나타내고자 할 때는 'Vs+ 에꼬 + 기간 + 버요' 같은 문형을 이용합니다.

a. 베뜨누(만나다)
베떼꼬 엑 버르사 버요 = 만난 지 1년이 되었다

b. 아우누(오다)
아에꼬 빠쯔 머히나 버요 = 온지 5개월이 되었다.

3) ~못(안)한지 얼마나 되었다. (너 +Vs +에꼬)

이 표현은 다음 예문과 같이 바로 위 문형과 같으나 그 앞에 '너'만 넣어 주시면 됩니다.

a. 카누(먹다)
너카에꼬 엑 홉따 버요 = 못 먹은 지 1주일 되었다.

b. 자누(가다)
너거에꼬 두이 홉따 버요 = 못 간 지 1주일 되었다.

4) 결혼하셨습니까?

대부분의 아시아 국가들이 그렇듯이 네팔에서도 결혼여부를 질문하는 것은 큰 실례라기보다 자연스러운 대화에 속합니다. 그럼 이번 수업에서는 대화를 하면서 결혼여부에 대한 질문을 어떻게 하는지에 대해서 배워 보겠습니다.

'결혼'은 '비하'입니다. 그래서 결혼을 하다는 '비하 거르누'가 됩니다. 하지만 결혼을 했냐는 질문에서는 '비하 거르누'보다 '비하 후누'라는 표현을 사용합니다. 직역한다면 '결혼이 되었냐?'라는 의미이지만 일반적으로 결혼을 했냐는 질문을 할 때 그냥 사용합니다. 네팔에서는 결혼을 '한다' 보다 '된다'라고 표현을 사용한다는 것을 기억해 주세요.

예) 꺼힐레 비하 훈처? = 언제 결혼하나요?
　　꺼힐레 비하 버요? = 언제 결혼했나요?

사진으로 떠나보는 네팔 여행

▲ 네팔의 축제일에 전통 의상인 사리를 입은 모습

▲ 네팔에서 가장 큰 은행인 너빌뱅크 본점

오늘 하루도 수고 하셨습니다.

25

어제 어디에 있었습니까? ('티~' 동사)

1. 오늘의 한 마디

पहिले म संग धेरै पैसा थियो ।
뻐힐레 머 성거 데레이 뻐이샤 티요

मलाई थाहा थिएन ।
멀라이 타하 티에너

हिजो तपाईं कहाँ हुनुहुन्थ्यो ?
히조 떠빠이 꺼하 후누훈툐

해석

예전에 나는 돈이 많았습니다.
나는 몰랐습니다.
어제 당신은 어디에 있었습니까?

네팔에서 여가 즐기기

'네팔에는 참 즐길 거리가 없습니다.' 이 말은 한국식으로 놀려고 할 때 하는 말이 될 것입니다. 관심만 가지고 잘 찾으면 한국에서 쉽게 접할 수 없는 각종 레저 스포츠를 저렴한 가격에 할 수도 있답니다. 카트만두에서 차로 1~2시간 만나가도 레프팅이나 카약을 할 만한 강들이 나오고 캐너닝, 페러그라이딩, 번지점프, 캠핑도 주말을 이용해 쉽게 할 수 있습니다. 저도 기회가 될 때마다 이런레저를 즐기고, 주말에는 주로 산악자전거를 타면서 카트만두 주변의 모든 산악지역을 돌아다녔습니다. 한국으로 돌아가면 바쁘다는 핑계로 이런 것들을쉽게 하지 못하겠지만 이곳에서만큼은 원 없이 즐겼던 것 같습니다. 적극적으로 찾아본다면 네팔에서도 다양한 여가를 즐길 수 있습니다.

2. 네팔어로 말하기

चार महिना अघि म भारतमा थिएँ ।
짜르 머히나 어기 머 바럿마 티에
4개월 전에 나는 인도에 있었습니다.

दुई बर्ष अघि म कोरियामा थिएँ ।
두이 버르사 어기 머 코 리 아 마 티 에
2년 전에 나는 한국에 있었습니다.

नेपालमा आउनु भन्दा अघि म गोरो थिएँ ।
네팔마 아우누 번다 어기 머 고로 티에
네팔에 오기 전에 나는 (피부가) 하얗습니다.

मेरो पहिलाको गाडी कालो थियो ।
메로 뻐힐라꼬 가리 깔로 티요
나의 옛날 차는 검정색이었습니다.

दश बर्ष अघि हामी गरिब थियौं ।
더스 버르사 어기 하미 거립 티요웅
10년 전 우리는 가난했습니다.

त्यसबेला हाम्रो आनो घर पनि थिएन ।
떼스벨라 함므로 아프노 거르 뻐니 티에너
그때는 우리 소유의 집도 없었습니다.

हिजो दिउँसो तिमी कहाँ थियौ ?
히조 디우소 띠미 꺼하 티요우?
어제 오후 너는 어디에 있었니?

आज उनीहरू विहान घरमा थिएनन् ।
아저 우니하루 비한 거르마 티에넌
오늘 아침 그들은 집에 없었습니다.

पहिला भक्तपुरको बाटो सानो थियो ।
뻐힐라 박떠풀꼬 바토 사노 티요
예전에 박터풀의 길은 작았습니다.

बीस बर्ष अघि वाग्मती खोला सफा थियो रे ।
비스 버르사 어기 바그마티 콜라 서파 티요 래
20년 전에 바그마티 강은 깨끗했었데요.

हिजो धेरै गर्मी थियो ।
히조 데레이 거르미 티요
어제는 꽤 더웠습니다.

3. 단어 익히기

पहिला / पहिले (뻐힐라, 뻐힐레) = 이전에, 옛날에

त्यसबेला (떼스벨라) = 그때

आफ्नो (아프노) = 자기의

आफै (아퍼이) = 스스로

गर्मी (거르미) = 더운

जाडो (자로) = 추운

सफा (서파) = 깨끗한

फोहोर (포호러) = 더러운

4. 문법 따라잡기

앞으로 두 단원에서는 '후누' 동사의 과거형 사용법에 대해서 배우겠습니다. '후누'는 동사원형뿐 아니라 과거형, 미래형 등 모두 포함하여 네팔어에서 가장 많이 사용되는 동사입니다. 가장 어려우면서도 여러 가지 의미를 내포하고 있는 매직워드라고도 할 수 있습니다. '처', '훈처', '버요', '티요' 등의 단어들은 모두 '후누'에서 변형된 동사들입니다.

'후누'는 과거형으로 변하면서 2가지로 나눠집니다. 하나는 '티+동사변형', 다른 하나는 '버+동사변형'입니다. 오늘은 '티+동사변형'을 배워 보겠습니다. '후누'는 알다시피 한국어로 '이다', '있다' 뜻이 있습니다. 과거형 '티+동사변형'은 위치, 소유, 상태 등을 나타낼 때 사용합니다. 어렵지만 예문을 통해서 배우는 것이 좋습니다. 먼저 인칭에 따른 '티'의 변형을 표를 통해 알아봅시다.

인칭	머	떠빠이	우하	띠미	우	하미
변형	티에	훈툐	훈툐	티요우	티요	티요웅

1) 위치

예) 머 어힐레 거르마 추 = 나는 지금 집에 있다.
    머 히조 거리마 티에 = 나는 어제 집에 있었다.

2) 소유

예) 머성거 뻐이샤 데레이 처 = 나는 돈이 아주 많다.
    머성거 뻐이샤 데레이 티요 = 나는 돈이 아주 많았다.

3) 상태

예) 우 거립 처 = 그는 가난하다
    우 거립 티요 = 그는 가난했다.

정확하게 이해하셨는지 모르겠습니다. '네팔어로 말하기'에 나오는 예문들을 보면서 어떤 상황에서 쓰이는지 관찰하면서 익히는 것이 좋을 것 같습니다.

26

어떻게 된 거에요? ('버~' 동사)

1. 오늘의 한 마디

आज गर्मी भयो ।

아저 거르미 버요

महंगो भयो अलि कम गर्नुस् ।

머헝고 버요 얼리 껌 거르누스

के भयो ?

께 버요?

해석

오늘은 덥네요.(더워 졌네요.)
비싸네요.(비싸졌네요.) 조금 깎아주세요.
어떻게 된 거에요?

답답한 '께 거르네'

'께 버요?', '께 거르네' 네팔에 살면서 많이 듣게 되는 말입니다. 어떤 일이 생겼을 때 '께 버요?(어떻게 된 거에요?)'라고 하는데요. 검지와 엄지를 펴서 손을 비트는 제스처를 하면서 말을 합니다. 그리고 자신이 해결하지 못할 일이 생겼을 때는 '께 거르네(어떻게 합니까)'라고 말하는데 이 말을 할 때는 '께 버요' 때와 비슷한 제스처이지만 먼저 손을 부딪친 뒤 오른손 엄지와 검지만 펴고 비틀어야 합니다. 그런데 이거 참 무슨 일이 터질 때마다 해결하려는 모습보다는 그냥 '께 거르네'를 남발하고 있으니 때로는 답답할 때도 있습니다. 께 거르네, 께 거르네, 께 거르네……. 나도 참 '께 거르네'입니다.

2. 네팔어로 말하기

तपाइँको बुवा कहिले हाकीम हुनुभयो ?
떠빠이꼬 부아 꺼힐레 하킴 후누버요?
당신의 아버지는 언제 기관장이 되셨나요?

आजभोलि यो मान्छे धेरै ठूलो भयो ।
아저볼리 요 만체 데레이 툴로 버요
요즘에 이 사람 많이 컸구먼.

तपाइँको कपाल लामो भयो ।
떠빠이꼬 꺼빨 라모 버요
당신의 머리(카락)가 길었네요.

मेरो कम्प्युटर पुरानो भयो ।
메로 껌쀼떨 뿌라노 버요
나의 컴퓨터는 오래되었습니다.

आजभोलि कम्प्युटर सस्तो भयो ।
아저볼리 껌쀼떨 서스또 버요
요즘은 컴퓨터가 싸졌습니다.

हिजो म विरामी भएर अफिस गईन ।
히조 머 비라미 버에러 오피스 거이너
어제 아파서 회사에 못 갔습니다.

तर आज सञ्चो भयो ।
떠러 아저 선쪼 버요
그러나 오늘은 좋아졌습니다.

हामी नेपालमा आएर कालो भयौं ।
하미 네팔마 아에러 깔로 버요웅
우리는 네팔에 와서 까맣게 탔습니다.

म दुई बर्ष अघि डाक्टर भएँ ।
머 두이 버르사 어기 닥떠 버에
나는 2년 전에 의사가 되었습니다.

काम भएन ?
깜 버에너?
일이 잘 안되었어요?(안 끝났어요?)

खाना भयो ?
카나 버요?
① 밥이 다됐어요? ② 밥 먹었어요?

मेरो साथी जाँचमा पास भएन ।
메로 사티 자쯔마 빠스 버에너
내 친구는 시험에서 통과하지 못했습니다.

हिजोको खाना मिठो भयो ।
히조꼬 카나 미토 버요
어제 식사는 맛있었습니다.

3. 단어 익히기

महँगो (머헝고) = 비싸다

सस्तो (서스또) = 자기의

हाकीम (하킴) = 상사, 보스

हिजोआज / आजभोलि (히조아저 / 아저볼리) = 요즘, 최근

पुरानो (뿌라노) = 오래된

नयाँ (너야) = 새로운

बिरामी (비라미) = 아픈

सञ्चो (선쪼) = 건강, 컨디션

कालो (깔로) = 검정색

सेतो (세또) = 흰색

रातो (라또) = 빨강색

हरियो (허리요) = 녹색

पहँलो (뻐헬로) = 노란색

जाँच (자쯔) = 시험

जाँच लिनु (자쯔 리누) = 시험을 보다

4. 문법 따라잡기

이번 수업에서는 지난 수업에 이어서 '**후누**' 동사의 과거형을 배우겠습니다. 지난 수업에서 배운 내용은 '티+동사변형'이였고, 이 수업에서는 '**버+동사변형**'을 배웁니다.

표를 통해서 동사의 변형을 확인하겠습니다.

인칭	머	떠빠이	우하	띠미	우	하미
변형	버에	후누버요	후누버요	버요우	버요	버요웅

'**버요**'는 네팔어중 가장 많이 듣게 되는 단어 가운데 하나입니다. '괜찮습니다.', '다되었습니다.', '~였습니다.' 등 다양한 뜻을 가지고 있는데 네팔에서 직접 생활하시면서 격지 않는 이상 '**티요**'와 '**버요**'의 의미 차이를 알아내기란 굉장히 어려울 것이라 생각됩니다. 의미는 조금씩 달라지지만 같은 문장에서 '**티요**', '**버요**' 모두 사용 가능하기 때문입니다. 미묘한 의미 차이를 파악하실 수 있다면 이제 네팔어 중급으로 올라섰다는 말이 됩니다. 아직까지 정확한 사용법을 모를 경우 몇 가지 예문을 통해 어감의 차이를 느껴 볼 수 있었으면 좋겠습니다.

1) 상태

a. 머 엑버르사 어기 거립 티요 = 나는 1년 전에 가난했다.
머 엑버리사 어기 거립 버요 = 나는 1년 전에 가난해졌다

b. 떠빠이꼬 꺼빨 라모 티요 = 당신의 머리는 길었었다.
떠빠이꼬 꺼빨 라모 버요 = 당신의 머리가 길었네요.

2) '버요'의 다양한 용법

a. 밥 먹다가 '버요' = 충분해요, 배불러요.

b. 일 끝내고 '버요' = 다 끝났어요.

c. 삐졌을 때 '버요!' = 됐어요, 필요 없어
요.

'버요' 정말 쉬우면서도 어렵다고 할 수 있는 표현입니다. 하지만 중요한 동사이고 아주 많이 사용됨으로 앞으로 다른 수업에서도 계속해서 배울 예정입니다.

오늘 하루도 수고 하셨습니다.

27

오늘 일을 끝내야 합니다. ('뻐르누' 동사)

1. 오늘의 한 마디

अहिले पानी पऱ्यो, हिउँ परेको छैन ।
어힐레 빠니 뻐료, 히우 뻐레꼬 처이너

आज काम सिध्याउनु पर्छ ।
아저 깜 시디아우누 뻐르처

तपाईं आज आउनु पर्दैन ।
떠빠이 아저 아우누 뻐르더이너

해석

지금 비가 옵니다. 눈은 내리지 않았습니다.
오늘 일을 끝내야 합니다.
당신 오늘은 올 필요가 없습니다.

네팔에서 일하기

네팔에서 어떤 일을 계획하기란 쉽지 않습니다. 한국 사람이 처음 네팔 와서 일을 한다면 이 점 잘 알아야 스트레스가 줄 것입니다. 하루 만에 페인트칠을 다 해준다고 했는데 1주일째 일을 하고 있는 사람을 볼 때나, 차 수리를 맡기고 찾으러 오라고 한 날 가니까 '기술자가 출근을 안 해서 지금까지 못 고치고 있었다.'라고 하는 소리를 들을 때는 울화가 치밀기도 합니다. 물론 매 시간마다 전화를 하고 찾아가서 소리를 높여가면서 일을 챙긴다면 자신이 원하는 날짜에 일을 마칠 수도 있을지 모릅니다. 하지만 추천하고 싶지는 않네요. 1년 안에 스트레스로 인하여 수명이 줄어들지 모릅니다. 그래서 네팔에서 살다보면 어느 순간 점점 느긋해져 있는 자신을 발견하게 됩니다.

2. 네팔어로 말하기

सउरमा जाडो महिनामा हिउँ पर्छ ।
서울마 자로 머히나마 히우 빠르처
서울은 추운 날에 눈이 내립니다.

तर काठमाण्डौंमा धेरै जसो हिउँ पर्दैन ।
떠러 카트만두마 데레이 저소 히우 빠르더이너
그러나 카트만두는 대부분 눈이 내리지 않습니다.

पोखरामा धेरै पानी पर्छ ।
포카라마 데레이 빠니 빠르처
포카라에 비가 굉장히 많이 옵니다.

आज मेरो भाई नेपालमा आउछ, त्यसकारण म एयरपोर्टमा जानुपर्छ ।
아저 메로 바이 네팔마 아우처 떼스까런 머 에어포트마 자누빠르처
오늘 나의 동생이 네팔에 옵니다. 그래서 나는 공항에 가야 합니다.

आज म अफिसमा जाँनु पर्दैन ।
아저 머 오피스마 자누 빠르더이너
오늘 나는 회사에 갈 필요가 없습니다.

मसंग धेरै लुगा छ, त्यसकारण किन्नु पर्दैन ।
머성거 데레이 루가 처 떼스까런 낀누 빠르더이너
나는 옷이 많습니다. 그래서 살 필요가 없습니다.

तपाइँले आज खाना पकाउनु पर्दैन ।
떠빠이레 아저 카나 뻐까우누 빠르더이너
당신은 오늘 음식을 만들 필요가 없습니다.

कोरियाबाट किम्ची ल्याउनु पर्दैन ।
코리아바떠 낌찌 랴우누 빠르더이너
한국에서 김치를 가지고 올 필요가 없습니다.

नेपालमा एक किलो आँपको कति पर्छ ?
네팔마 엑 낄로 압꼬 꺼띠 빠르처 ?
네팔에서는 망고 1킬로에 얼마입니까?

नेपालमा एक दर्जन केराको तीस रुपैया पर्छ ।
네팔마 엑 덜전 께라꼬 띠스 루피아 뻐르처
네팔에는 바나나 1묶음(12개)에 30루피입니다.

मलाई नेपाली खाना मन पर्छ ।
멀라이 네팔리 카나 먼 뻐르처
나는 네팔 음식을 좋아합니다.

मलाई मोटरसाईकल चलाउन मन पर्छ ।
멀라이 모터사이클 쩔라우너 먼 뻐르처
나는 오토바이를 타고(운전하고) 싶습니다.

तपाईंलाई कुन आइसक्रिम मन पर्छ ?
떠빠이라이 꾼 아이스크림 먼 뻐르처?
당신은 어떤 아이스크림을 좋아합니까?

वहाँलाई पौडी खेल्न मन पर्दैन ।
우하라이 뻐우디 켈너 먼 뻐르더이너
그는 수영하고 싶어 하지 않습니다.

3. 단어 익히기

पानी (빠니) = 물

पानी पर्नु (빠니 뻐르누) = 비가 내리다

हिउँ (히웅) = 눈

हिउँ पर्नु (히우 뻐르누) = 눈이 내리다

असिना (어시나) = 우박

असिना पर्नु (어시나 뻐르누) = 우박이 내리다

सिध्याउनु (시다우누) = 끝내다

सिद्धिनु (시디누) = 끝나다

ल्याउनु (리아우누) = 가지고 오다

पौडी (빠우디) = 수영

पौडी खेल्नु (빠우디 켈누) = 수영하다

4. 문법 따라잡기

이번 수업에서 배울 '빠르누' 동사 또한 아주 다양하게 사용되는 단어 입니다. 정확하게 익히신다면 분명히 유용하게 사용하실 수 있을 겁니다. 먼저 '빠르누'의 과거, 현재, 미래에 따른 동사 변형을 살펴보겠습니다. '빠르누'의 경우 주로 3인칭(눈, 비, 행동 등)이 주어가 되므로 '우'에 해당하는 동사 변형이 적용됩니다.

표를 통해 확인하겠습니다.

시제	긍정형	부정형
과거	빠료	빠레너
현재	빠료	빠레꼬 처이너
미래 / 일반	빠르처	빠르더이너

동사 변형에 대해서 확인하였으니 이 문형을 사용하여 만든 예문을 통해서 다양한 사용법을 확인하겠습니다.

1) 비, 눈, 우박이 내리다 (빠니, 히우, 어시나 + 빠르처)

a. 빠니 빠르처(빠료) = 비가 내린다.(내렸다)

b. 히우 빠르처(빠료) = 눈이 내린다.(내렸다)

c. 어시나 빠르처(빠료) = 우박이 내린다.(내렸다)

2) 무엇을 해야 한다 (V + 빠르처)

동사원형에 '빠르처'를 붙여서 '~을 해야 한다'를 표현할 수 있습니다. 영어로는 'have to', 'should' 정도의 표현이 됩니다.

a. 자누 빠르처 = 가야 한다.

b. 헤르누 빠르처 = 봐야 한다.

c. 베뜨누 빠르처 = 만나야 한다.

3) 꺼띠 빠르처

'여덟 번째 수업'에서 배운 내용입니다. '꺼띠 호? (얼마예요?)'와 뜻은 같지만 '꺼띠 빠르처'를 사용하여 얼마나 되는지를 표현할 수 있습니다.

꺼띠 빠르처? = (가격이) 얼마나 되나요?
꺼띠 빠료? = (가격이) 얼마나 되었나요?

4) 무엇을 하고 싶다 (V + 먼 빠르처)

'먼'은 마음이라는 뜻을 가지고 있고 '먼 빠르처'는 좋아한다는 뜻입니다. 그래서 앞서 배운 것처럼 '명사 + 먼 빠르누'는 '무엇을 좋아한다.'라는 표현이 됩니다. 하지만 '동 + 먼 빠르처'는 '무엇을 하고 싶다.'는 뜻이 있습니다. 이때 주의하셔야 할 것은 동사사원형의 끝을 '~누'에서 '~너'로 바꾸어 사용하여야 합니다.

a. 자누(가다)
자너 먼 빠르처 = 가고 싶다.

b. 켈누(놀다)
켈너 먼 빠르처 = 놀고 싶다.

c. 씨끄누(배우다)
씨끄너 먼 빠르처 = 배우고 싶다.

사진으로 떠나보는 네팔 여행

▲ 세계 각국에서 트레커를 부르는 히말라야

오늘 하루도 수고 하셨습니다.

28

오는데 1시간 걸렸습니다. (시간 소요)

1. 오늘의 한 마디

मलाई एकदम थकाई लाग्यो ।
멀라이 액덤 터까이 라교

आज यहाँ आउन एक घण्टा लाग्यो ।
아저 야하 아우너 엑 건다 라교

म जाँन लागें ।
머 자너 라게

해석
나는 굉장히 피곤합니다.
오늘 여기에 오는데 1시간 걸렸습니다.
나는 지금 가려고 합니다.(지금 갑니다.)

작은 변화, 검문대

네팔에서 산 지도 5년이 넘어간다고 이제 막 네팔에 들어온 사람들에게 가끔 '요즘 참 살기 좋아졌어. 옛날은 이랬네, 저랬네!'하는 말도 하곤 합니다. 그중 하나가 바로 버스 검문인데 2004~5년 한창 마오이스트가 활발히 활동하고 있을 때, 카트만두에서 지방으로 나가거나 다시 카트만두로 들어올 때면 경찰이 마오이스트가 없는지, 폭탄을 들고 들어오는 사람은 없는지 모든 차량을 일일이 체크 했었습니다. 버스에 타고 있었다면 모든 사람이 차에서 내려서 검문 대에 가방을 풀고 검사를 마친 뒤에야 다시 출발할 수 있었습니다. 그렇게 검사를 하다 보면 2차선 도로에는 벌써 끝이 안 보이는 줄이 생깁니다. 포카라에서 돌아올 때면 요즘 5~6시간 걸리는 길이 검문으로 인해서 10시간씩 걸리기도 했으니 지금의 네팔은 상황이 좋다고 할 수 있습니다.

2. 네팔어로 말하기

अहिले मलाई केहि पनि खान मन लागेको छैन ।
어힐레 멀라이 께히 뻐니 카너 먼 라게꼬 처이너
지금 나는 아무것도 먹고 싶지 않습니다.

यो कुरा सुनेर मलाई दुख लाग्यो ।
요 꾸라 수네러 멀라이 두커 라교
이 이야기를 들으니 (마음이) 아픕니다.

काठमाण्डबाट पोखरा जान बसमा सात घण्टा लाग्छ ।
카트만두바떠 포카라 자너 버스마 사트 건다 락처
카트만두에서 포카라까지 가는데 버스로 7시간 걸립니다.

नेपाली सिक्न कति समय लाग्छ ?
네팔리 시끄너 꺼띠 서머여 락처?
네팔어를 배우는데 얼마나 걸립니까?

मलाई ट्रेकिङ जान मन लाग्यो ।
멀리이 뜨레낑 자너 먼 라교
나는 트레킹을 가고 싶습니다.

आज बाटो हिलो थियो, त्यसैले मेरो पाइन्टमा हिलो लाग्यो ।
아저 바토 힐로 티요 떼서일레 메로 빠인트마 힐로 라교
오늘 길이 질퍽하였습니다. 그래서 나의 바지에 진흙이 묻었습니다.

तपाइँको मुखमा रगत कहाँबाट लाग्यो ?
떠빠이꼬 무크마 러거드 꺼하바떠 라교?
당신 얼굴의 피는 어디에서 묻었습니까?

मलाई एउटा क्यामेरा किन्न मन लाग्यो ।
멀라이 에우따 카메라 낀너 먼 라교
나는 카메라를 하나 사고 싶습니다.

म एउटा क्यामेरा किन्न लागें ।
머 에우따 카메라 낀너 라게
나는 카메라를 하나 사려고 합니다.

पाहुना : खाना आउँदैन ?
빠후나 : 카나 아우더이너?
손님 : 음식 안나옵니까?

वेटर : आउन लाग्यो ।
웨떨 : 아우너 라교
종업원 : 나오려고 합니다.

3. 단어 익히기

दु:ख (두커) = 슬프다, 아프다

बस (버스) = 버스

~ बाट (~바터) = ~에서

~ सम्म (~섬머) = ~까지

हिलो (힐로) = 진흙의

मुख (무크) = 얼굴

रगत (러거드) = 피

4. 문법 따라잡기

이번 수업은 '라그누' 동사에 대해서 배워보겠습니다. 지난 수업도 그렇지만 동사 하나만 가지고도 한 번의 수업 분량이 되는 것을 보면 그만큼 사용빈도가 높다는 말입니다. '라그누' 또한 자주 사용하게 되는 동사 중의 하나이기 때문에 신경쓰시기 바랍니다. 먼저 동사변형의 형태를 표로 살펴보겠습니다. '빠르누' 동사와 비슷하게 주로 3인칭일 경우가 많습니다.

시제	긍정형	부정형
과거	라교	라게너
현재	라교	라게꼬 처이너
미래 / 일반	락처	락더이너

그러면 몇 가지 예문들을 통해서 '라그누'의 여러 가지 활용에 대하여 공부해 보겠습니다. '라교'에 대해서는 벌써 앞에서 배운 적이 있지만 오늘은 좀 더 자세히 알아보겠습니다.

1) 감정 및 상태 + 라교

형용사 뒤에 '라교'를 붙여 감정을 나타냅니다.

a. 터까이 라교 = 피곤하다
b. 링거따 라교 = 어지럽다

이외에도 '머홍고 처 = 비싸다' 와 같은 문장을 '머홍고 라교'라고 바꾸면 '비싼 것 같다'라는 의미를 나타낼 수 있습니다.

2) 시간 + 라교

몇 시간 걸리다, 몇 일 걸리다 등의 표현을 할 때 '라교'를 사용할 수 있습니다.

a. 엑 건다 라교 = 1시간 걸렸습니다.
b. 바러 버르사 라교 = 12년 걸렸습니다.

여기에 동사를 붙여 사용한다면 그 행동을 하는데 걸린 시간을 나타낼 수 있습니다.

a. 버나우너 엑 딘 라교 = 만드는데 하루 걸렸습니다.
b. 아우너 사트 건다 라교 = 오는데 7시간 걸렸습니다.

3) ~을 하고 싶다 (V + 먼 라교)

이것은 앞의 수업에서 배운 '먼 빠르처'와 비슷한 의미입니다. '무엇을 하고 싶다'를 나타낼 수 있습니다.

a. 카너 먼 라교 = 먹고 싶습니다.

b. 자너 먼 라교 = 가고 싶습니다.

4) ~을 하려고 한다 (V + 라그누 (과거))

다른 표현과 다르게 이것은 '머', '떠빠이', '우하'가 주로 주어가 됩니다. 동사 뒤에 '라그누'의 과거형을 사용하면 '무엇을 하려고 한다.'가 됩니다. 영어 표현으로는 'about to' 정도가 됩니다. 이 표현 또한 동사 원형의 끝을 '너'로 바꾸어 주어야 합니다.

a. 어버 하미 히드너 라교웅 = 이제 우리는 출발하려고 합니다.
b. 머 떠빠이꼬 거르마 뿌그너 라게 = 나는 당신 집에 도착하려고 합니다.

5) 어떤 것 (포호러, 힐로, 러거드, 럭시 등) + 라교

'어떤 것이 옷에 묻다'의 표현을 쓸 때 '라교'를 사용합니다. 그 외에도 다른 것들을 표현할 수 도 있습니다.

a. 포호러(더러운) 라교 = 더러운 것이 묻었습니다.
b. 러거드(피) 라교 = 피가 묻었습니다.
c. 힐러(먼지) 라교 = 먼지가 묻었습니다.
d. 럭시(술) 라교 = 술에 취했습니다.
e. 요 사티 바트(밥) 라교? = 이 친구 배가 불렀구먼.

사진으로 떠나보는 네팔 여행

▲ 쏟아 지는 비에 쉽게 물에 잠기는 도심의 도로

▲ 인건비가 싼 네팔에서는 인부가 일일이 시멘트 반죽을 운반

오늘 하루도 수고 하셨습니다.

29

비가 온다면 나는 가지 않습니다. (가정형)

1. 오늘의 한 마디

तपाइँलाई भोक लाग्यो भने खाना खानुस् ।
떠빠이라이 보끄 라교 버네 카나 카누스

पानी पऱ्यो भने म जाँदिन ।
빠니 뻐료 버네 머 자디너

तपाइँ जानुभयो भने म पनि जान्छु ।
떠빠이 자누버요 버네 머 뻐니 잔추

해석

당신 배고프다면 밥을 드세요.
비가 온다면 나는 가지 않습니다.
당신이 간다면 나도 갑니다.

네팔의 대중교통

네팔의 대중교통은 삼륜 템포, 마이크로버스, 버스, 택시 정도가 있는데 처음엔 다 똑같아 보이는 버스와 템포가 살다보면 노선이나 번호를 구별할 수 있게 됩니다. 템포는 툭툭이라고도 하는데 길을 가다가 내리고 싶을 때 천장을 툭툭 치면 세워줍니다. 마이크로 버스는 승합차를 개조해서 만들어서 일반적으로 가장 많이 이용됩니다. 버스는 승합차보다 크기가 크고 색깔로도 노선을 파악할 수 있습니다. 파란색의 버스는 '사자(네팔어)'버스, 갈색 버스는 네팔야따야뜨로 회사나 노선을 나타냅니다. 택시는 인도에서 만든 마루티 택시가 가장 흔하게 보입니다. 800cc의 소형차로 정말 최소한의 부품으로 달릴 수 있도록 만든 차인데 쪼그만 녀석이 산에도 가고 못가는 곳이 없습니다. 여행자 거리 터멜에서는 자전거를 개조한 릭샤도 흔히 이용됩니다.

2. 네팔어로 말하기

पैसा दिनुभयो भने म किनिदिन्छु ।
빠이샤 디누버요 버네 머 끼니딘추
돈을 주신다면 제가 사드리겠습니다.

पैसा धेरै छ भने अलिकति दिनुस् ।
빠이샤데레이 처 버네 얼리꺼띠 디누스
돈이 많다면 좀 주세요.

गर्मी लाग्यो भने पंखा चलाउनुस् ।
거르미 라교 버네 뻥카 쩔라우누스
덥다면 선풍기를 돌리세요.

ढिलो भयो भने जानुस् ।
딜로 버요 버네 자누스
늦었다면 가세요.

म गएँ भने ऊ जाँदैँन होला ।
머 거에 버네 우 자더이너 홀라
내가 간다면 그는 가지 않을 겁니다.

सक्नुहुन्छ भने यो काम गरिदिनुस् ।
서끄누훈처 버네 요 깜 거리디누스
할 수 있다면 이 일 좀 해주세요.

भोलि नेपाल बन्द भयो भने म अफिस जाँदिन ।
볼리 네팔 번다 버요 버네 머 오피스 자디너
내일 네팔 번다라면 나는 회사에 가지 않을 겁니다.

गाह्रो भयो भने नगर्नुस ।
가로 버요 버네 너거르누스
어렵다면 하지 마세요.

काम सिद्धियो भने जान सक्नुहुन्छ ।
깜 시 디 요 버 네 자 너 서끄누훈처
일이 끝났다면 갈 수 있습니다.

तपाइँ नेपालमा आउनु भयो भने मलाई फोन गर्नुस् ।
떠빠이 네팔마 아우누 버요 버네 멀라이 폰 거르누스
당신 네팔에 온다면 나에게 전화 하세요.

तपाइँको फुर्सद भयो भने बेलुका भेट्छु ।
떠빠이꼬 풀섣 버요 버네 벨루까 베뜨추
당신 시간이 난다면 저녁에 만납시다.

थकाई लाग्यो भने आराम गर्नुहोस् ।
터까이 라교 버네 아람 거르호누스
피곤하다면 쉬세요.

3. 단어 익히기

~ भने (~버네) = ~이라면, ~한다면

पंखा (뻥카) = 선풍기

पंखा चलाउनु (뻥카 쩔라우누) = 선풍기를 돌리다.

सक्नु (서끄누) = 할 수 있다.

आराम गर्नु (아람 거르누) = 쉬다

4. 문법 따라잡기

1) 가정법 문장 만들기

오늘은 가정법을 배워보겠습니다. '~한다면(또는 ~이라면) 무엇을 하겠다.'와 같은 문장을 만들 수 있겠죠. '~이라면', '~한다면' 이라는 말은 네팔어로 '버네'입니다. 문장을 다 만드시고 끝에 '버네'를 붙이셔서 두 문장을 연결할 수 있습니다. 그런데 앞의 문장은 주로 과거형으로 사용합니다. 1인칭과 3인칭 '후누'의 경우 100% 과거형으로 표현하고 다른 경우는 때때로 현재형으로 표현하기도 하나 주로 과거형입니다.

a. 머 / 자누(가다)
머 거에 버네 = 내가 간다면

b. 머 / 버나우누(만들다)
머힐레 버나에 버네 = 내가 만들면

c. 거르미 후누(덥다)
거르미 버요 버네 = 덥다면

d. 떠빠이 뻐니 / 자누(가다)
떠빠이 뻐니 자누버요 버네 = 당신도 간다면

2) 무엇을 할 수 있다 (V +서끄누)

'할 수 있다'의 동사는 '서끄누'입니다. 이것에서 가다, 오다, 먹다 등의 동사를 붙여 활용한다면 동사 원형의 끝을 '너'로 바꾸어 인칭에 맞게 사용하시면 됩니다.

a. 자누(가다)
머 자누(너) 섞추 = 나는 갈 수 있다.

b. 아우누(오다)
떠빠이 아우누(너) 서끄누훈처 = 당신은 올 수 있다.

c. 카누(먹다)
우하 카누(너) 서끄누훈처 = 그는 먹을 수 있다.

3) ~을 해 주세요 (Vs + 이디누스)

이 문형은 우리가 배우기 수월합니다. 우리말에도 똑같은 표현이 있기에 한번 익히신다면 아주 적절한 때에 사용하곤 하죠. 우리나라 말에서도 '하세요' 보다는 '해 주세요'가 조금 더 공손하고 부드러운 것처럼 네팔어에서도 똑같이 사용합니다. '하세요' 보다 '해 주세요'라고 하면 아주 부드러운 표현이 됩니다.

네팔어로 '주세요'는 '디누스'입니다. 그래서 동사 뒤에 '디누스'를 사용하면 됩니다. 중요한 것은 앞의 동사축약형 Vs뒤에 '~이디누스'를 붙여야 합니다.

a. 거르누(하다)
거리디누스 = 해주세요

b. 카누(먹다)
카이디누스 = 먹어주세요

c. 아우누(오다)
아이디누스 = 와주세요

어렵지 않지만 한국 사람이 쉽게 실수하는 표현이 있습니다. 바로 '전화 주세요.'라는 표현인데 한국에서 '전화 주세요.'는 전화를 해 달라는 의미를 가지고 있습니다. 하지만 네팔어에는 우리와 같은 의미로 사용하지 않습니다. '폰 디누스'라고 표현한다면 네팔 사람이 움찔할 것입니다. 전화기를 달라니?? 내 전화기를 당신이 왜?? '전화 주세요.'의 정확한 표현은 '전화 해 주세요.' = '폰 거리디누스'입니다.

사진으로 떠나보는 네팔 여행

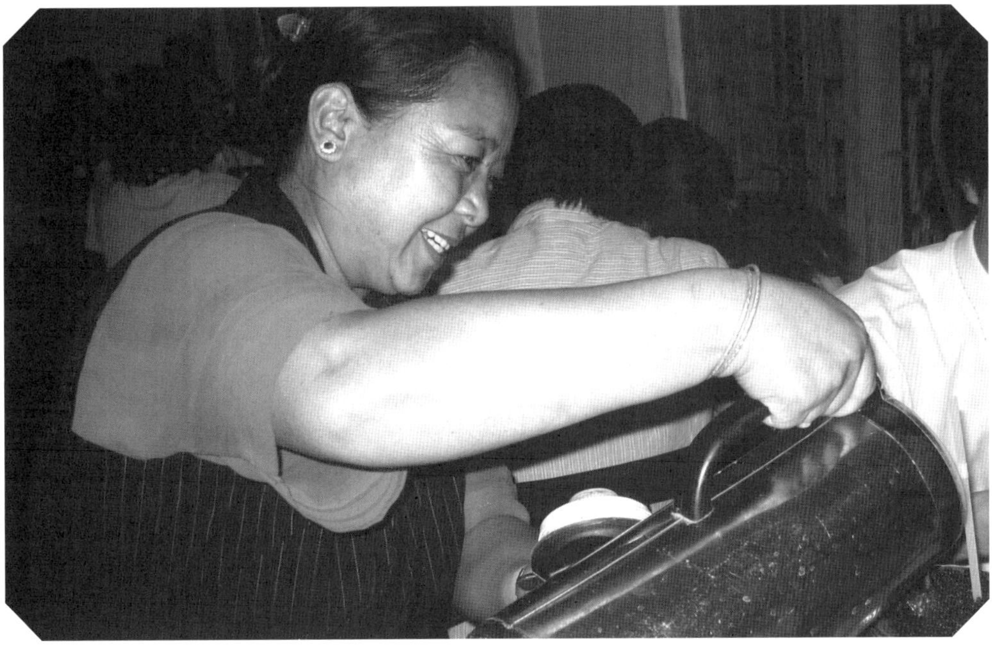

▲ 셀파 민족의 전통술인 뚱바

▲ 도심에 등장하여 가로수를 정리하는 코끼리

오늘 하루도 수고 하셨습니다.

30

네팔은 토요일만 휴일입니다. ('후누' 동사)

1. 오늘의 한 마디

काठमाण्डुमा डिसेम्बरमा घर भित्र पनि जाडो हुन्छ ।
카트만두마 디셈벌마 거르 비뜨러 뻐니 자로 훈처

नेपालमा शनिबार मात्र बिदा हुन्छ ।
네팔마 서니바르 마뜨러 비다 훈처

२०१० बर्षको वल्ड कप कहाँ हुन्छ ?
두이허잘더스바르사꼬 월드 껍 꺼하 훈처?

해석

카트만두의 12월은 집 안도 춥습니다.
네팔은 토요일만 휴일입니다.
2010년 월드컵은 어디에서 있습니까?

네팔의 공휴일

네팔은 한국과 다르게 토요일이 공휴일입니다. 금요일은 반일 근무만 하고 일요일부터 다시 한 주가 시작됩니다. 각 나라 대사관이나 국제기구 등은 주 5일제 근무 시행으로 일요일까지 쉬는 데 비해 대부분의 현지 회사와 정부기관, 상점들은 토요일만 쉬고 있습니다. 그래서 일반적으로 네팔 사람들과 약속을 잡을 때도 금요일 저녁이나 토요일에 잡게 됩니다. 우리가 쉰다고 일요일에 무턱대고 약속을 잡으면 안 되므로 참고 하시기 바랍니다. 아직까지 주5일 근무가 실시되고 있지는 않지만 대신 각 민족별 축제일과 힌두축제일을 공휴일로 사용합니다. 따라서 연간 휴일수로 따지면 선진국에 뒤지지 않을 거란 생각이 듭니다. 특히 10월에 있는 축제 '더사인'과 '띠하르' 때는 거의 2주 이상을 쉬게 되므로 네팔에서 행사계획이 있다면 이 기간은 피하는 것이 좋습니다.

2. 네팔어로 말하기

म हरेक विहान घरमा हुन्छु ।
머 허렉 비한 거르마 훈추
나는 매일 아침 집에 있습니다.

म आज बेलुका घरमा हुँदिन ।
머 아저 벨루까 거르마 후디너
나는 오늘 저녁 집에 없습니다.

मैले धेरै भात खाएँ भने मोटो हुन्छु ।
머일레 데레이 바뜨 카에 버네 모또 훈추
나는 밥을 많이 먹으면 뚱뚱해 집니다.

नेपालमा भान्सामा जुत्ता लगाउनु हुँदैन ।
네팔마 반사마 주따 러가우누 후더이너
네팔에서는 주방에서 신발을 신으면 안됩니다.

रक्सी खाएर गाडी चलाउनु हुँदैन ।
럭시 카에러 가리 쩔라우누 후더이너
술을 먹고 차를 운전하면 안됩니다.

टेबुलमा भएको केक खाए हुन्छ ।
테이블마 버에꼬 께끄 카에 훈처?
탁자에 있는 케이크를 먹어도 됩니까?

त्यो खाना बासी हो त्यसकारण खानु हुँदैन ।
또 카나 바시 호 떼스까런 카눈 후더이너
저 음식은 상했습니다. 그러니깐 먹으면 안됩니다.

नेपालमा केटा र केटा हात समातेर हिड्नु हुन्छ ।
네팔마 깨따 러 깨따 하뜨 서마떼로 히드누 훈처
네팔에서는 남자와 남자가 손잡고 걸어도 됩니다.

नेपालमा गाई काट्नु हुँदैन ।
네팔마 가이 까뜨누 후더이너
네팔에서는 소를 짜르면(잡으면) 안됩니다.

रगत रातो हुन्छ ।
러거드 라또 훈처
피는 빨간색입니다.

तपाइँ भित्र आउनु भए हुन्छ ।
떠빠이 비뜨러 아우누 버에 훈처
당신은 안으로 오셔도 됩니다.

नेपालको हिमालमा सधैं हिउँ हुन्छ ।
네팔꼬 히말마 서더이 히우 훈처
네팔의 히말라야에는 항상 눈이 있습니다.

मुसलमानहरूले बंगुरको मासु खानु हुँदैन ।
무슬만허루레 벙구루꼬 마수 카누 후더이너
무슬림들은 돼지고기를 먹으면 안됩니다.

3. 단어 익히기

बर्खा (벌카) = 우기
बासी (바시) = 오래된 음식
मोटो (모또) = 뚱뚱한
दुब्लो (두부로) = 날씬한
हात मिलाउनु (하뜨 밀라우누) = 악수하다
हात समात्नु (하뜨 서마뜨누) = 손을 잡다
समात्नु (서마뜨누) = 잡다
मुसलमान (무슬만) = 무슬림
भान्सा (반사) = 주방
जुत्ता (주따) = 신발
हिड्नु (히드누) = 걷다

4. 문법 따라잡기

'후누' 동사의 과거형은 지난번 두 번의 수업을 통해서도 배웠습니다만, 이번 수업에서는 '후누' 동사의 현재, 미래형 및 용법에 대해서 배워 보겠습니다. 알고 계시겠지만 '후누'동사의 긍정형은 '훈처' 부정형은 '후더이너'입니다.

1) 일반적 사실

명사 혹은 형용사 뒤에 '훈처' 혹은 '후더이너'를 붙여 일반적 사실을 나타냅니다. 때로는 '호' 나 '처'의 의미와 같지만 변함없는 사실에 대해서는 '훈처'를 사용합니다. 예를 들어 '피는 빨간색입니다'의 예를 들어본다면 피는 파란색일리가 없으므로 일반적인 사실에 해당합니다. 그래서 '러거드 라또 처'보다는 '러거드 라또 훈처'가 정확합니다.

2) 해도 됩니까? 하면 안 됩니다. (허가의 표현)

'훈처', '후더이너'의 용법 중 또 한 가지 많이 쓰이는 것은 '무엇을 해도 됩니까?' 등과 같은 허가의 표현입니다. 동사를 '~에'로 변형시키고 끝에 '훈처', '후더이너'를 넣으시면 됩니다. 말로는 어려우니 예문을 보면서 이해하고 익혀 볼까요? 인칭에 따른 사용법은 다음과 같습니다.

'떠빠이', '우하' : V +버에 훈처 / 후더이너
'머', '하미', '띠미', '우' 등 : Vs +에 훈처 / 후더이너

a. 카누(먹다)
머 카에 훈처? = 제가 먹어도 될까요?
떠빠이 카누버에 훈처 = 당신은 먹어도 됩니다.

b. 아우누(오다)
머 비뜨러 아에 훈처? = 제가 안에 들어와도 될까요?
떠빠이 비뜨러 아우누버에 훈처 = 당신은 안에 들어와도 됩니다.

오늘 하루도 수고 하셨습니다.

31

비가 오고 있습니다. (현재진행형)

1. 오늘의 한 마디

आजभोलि तपाइँ के गर्दै हुनुहुन्छ ?
아저볼리 떠빠이 께 거르더이 후누훈처?

म आउँदैछु ।
머 아우더이추

पानी पर्दै छ ।
빠니 뻐르더이처

해석

요즘 당신은 무엇을 하고 계십니까?
나는 오고 있습니다.(가고 있습니다)
비가 오고 있습니다.

네팔의 벌카(몬순)

네팔의 계절은 크게 우기와 건기로 나누어집니다. 5월부터 9월 정도까지가 우기로서 비가 집중적으로 오고, 10월부터 다음 해 4월까지는 건기로서 이 기간 동안은 비가 거의 내리지 않습니다. 비가 오는 시즌을 '벌카'라고 하는데 몬순에 해당합니다. 우리나라 장마처럼 며칠간 계속해서 비가 내리는 게 아니라 저녁부터 아침 사이에 주로 많이 내리고 오후에는 쨍쨍하다가도 가끔씩 확 쏟아 버리곤 한답니다. 오후에 비가 내릴 때면 그 시간은 짧지만 한 번에 내리는 양이 많아서 그런지 비가 한번 내리고 나면 온 도로가 물에 잠기기도 합니다. 특이한 점은 카트만두 안에서도 동네별로 비가 온다는 것입니다. 어느 날 길을 가고 있는데 이쪽은 비가 안 오고 길 건너편은 비가 쏟아지는 장면을 본 적도 있습니다. 들은 이야기로는 비 오는 날 집을 나섰는데 자기 집에만 비가 내리고 있는 걸 봤다는 사람도 있더군요. 믿거나 말거나 입니다.

2. 네팔어로 말하기

अहिले म काम गर्दै छु ।
어힐레 머 깜 거르더이 추
지금 나는 일을 하고 있습니다.

मेरो आमा पत्रिका पढ्दै हुनुहुन्छ ।
메로 아마 뻐뜨리까 뻐르더이 후누훈처
나의 엄마는 신문을 읽고 있습니다.

मेरो भाई टिभी हेर्दै छ ।
메로 바이 띠비 헤르더이 처
나의 남동생은 TV를 보고 있습니다.

मेरो साथी तास खेल्दै छ ।
메로 사티 따스 켈더이 처
나의 친구는 카드를 치고 있습니다.

मेरो बुवा खाना पकाउँदै हुनुहुन्छ ।
메로 부아 카나 뻐까우더이 후누훈처
나의 아빠는 음식을 만들고 있습니다.

हिजो यसबेला म सामान किन्दै थिएँ ।
히조 예스벨라 머 사만 낀더이 티에
어제 이 시간에 나는 물건을 사고 있었습니다.

हिजो दिउँसो २ बजे मेरो साथी कफी यहि पिउँदै थियो ।
히조 디우소 두이버제 메로 사티 커피 예히 삐우더이 티요
어제 오후 2시 나의 친구는 여기서 커피를 마시고 있었습니다.

भोली म पोखरा जाँदै छु ।
볼리 머 포카라 자더이 추
내일 나는 포카라에 갑니다.

आज बेलुका तपाईं के गर्दै हुनुहुन्छ ।
아저 벨루까 떠빠이 께 거르더이후누훈처?
오늘 저녁 당신은 무엇을 하십니까?

एक बर्ष देखि मेरो घर अगाडि अर्को घर बनाउँदै छ ।
엑 버르사 데키 메로 거르 어가리 어르꼬 거르 버나우더이 처
년째 나의 집 앞에는 어떤 1 집을 짓고 있습니다. (1년 전부터 짓기 시작했다는 뜻)

के हुँदै छ ?
께 후더이 처?
어떻게 되고 있어? (사람과의 관계, 일 등의 진행 상황을 물을 때 사용함)

अहिले संसार ध्वस्त हुँदै छ ।
어힐레 선살 둬스떠 후더이 처
지금 세계는 파괴되고 있습니다.

नेपालमा चिजबिचहरू महंगो हुँदै छ ।
네팔마 찌즈비즈허루 머헝고 후더이 처
네팔에는 물건들이 비싸지고 있습니다.

तिमी किन रुँदै छौ ?
띠미 끼너 루더이 처우?
너는 왜 울고 있니?

हामीहरू कसरत गर्दै छौं ।
하미하루 거스러뜨 거르더이 처웅
우리는 운동을 하고 있습니다.

3. 단어 익히기

दाई (다이) = 형, 오빠

भाई (바이) = 남동생

हजुरबुवा (허줄부아) = 할아버지

हजुरआमा (허줄아마) = 할머니

पत्रिका (뻐뜨리까) = 신문

चिजबिज (찌즈비즈) = 물건

दिदी (디디) = 누나, 언니

बहिनी (버히니) = 여동생

संसार (선살) = 세계

कसरत (꺼스러뜨) = 운동

कसरत गर्नु (꺼스러뜨 거르누) = 운동하다

~ हरु (~허루) = ~ 들(복수 만들기)

4. 문법 따라잡기

1) **현재진행형** (Vs + 더이)

오늘은 현재 진행형에 대해서 배우겠습니다. 지금까지 배운 내용을 이해하고 계시다면 오늘 내용도 그리 어렵지 않을 것입니다. 동사 뒤에 '더이'를 붙여주시면 됩니다. 그리고 문장의 끝은 일반 문장과 같이 인칭에 따라 변형시키면 됩니다.

a. 버나우누(만들다.)
머 버나우추 = 나는 만듭니다.
머 버나우더이추 = 나는 만들고 있습니다.

b. 빠니 뻐르누(비가 오다.)
빠니 뻐르처 = 비가 옵니다.
빠니 뻐르더이처 = 비가 오고 있습니다.

c. 루누(울다)
우하 루누훈처 = 그는 웁니다.
우하 루더이후누훈처 = 그는 울고 있습니다.

2) **과거 및 미래 진행형** (Vs + 더이 **+과거형이나 미래형 말미)**

과거진행형도 똑같이 동사 뒤에 '더이'를 붙이면 되지만 문장 끝을 과거형으로 만들어 주시면 됩니다.

미래형의 경우 현재진행형과 똑같지만 볼리(내일), 어르꼬 버르사(내년) 등과 같은 시제를 알 수 있도록 넣어 주면 됩니다. 이를 미래진행형으로 말할 수 있지만 의미는 단순 미래형일 경우도 많습니다.

a. 카누(먹다)
머 카에 = 나는 먹었습니다.
머 카더이티에 = 나는 먹고 있었습니다.

b. 헤르누(보다)
떠빠이 헤르누훈처 = 당신은 봅니다.
떠빠이 헤르더이후누훈툐 = 당신은 보고 있었습니다.

c. 자누(가다)
우하 자누훈처 = 그는 갑니다.
볼리 우하 자더이후누훈처 = 내일 그는 갈 겁니다.

3) 너희 집에 가고 있다? 오고 있다?

약속 시간에 늦었습니다. 기다리던 친구가 전화를 했네요.
친구 : "너 지금 어디야?"
나 : "응 지금 가고 있는 중이야"

우리나라에서는 적절한 대화입니다. 하지만 네팔에서는…
친구 : "너 지금 어디야?"
나 : "응 지금 오고 있는 중이야"

우리는 어떤 장소에 '가고 있다'라는 표현을 쓰지만 네팔에서는 '오고 있다'라는 표현을 합니다. '내일 당신 집에 갈게요.'를 네팔어식으로 표현한다면 '내일 당신 집에 올게요.'가 됩니다.

예) 머 볼리 떠빠이꼬 거르마 잔추 (X)
머 볼리 떠빠이꼬 거르마 아우추(O)

사진으로 떠나보는 네팔 여행

▲ 각종 언어학원과 유학원이 밀집해 있는 부털리서닥

▲ 옥수수를 구워 파는 노점

오늘 하루도 수고 하셨습니다.

32

운전 할 때 항상 조심하세요. (~을 할 때)

1. 오늘의 한 마디

म फिल्म हेर्दा पपकोर्न खान्छु ।
머 필름 헤르다 팝콘 칸추

नेपालमा बस्दा मेरो धेरै घुम्ने विचार छ ।
네팔마 버스다 메로 데레이 굼네 비자르 처

गाडी चलाउँदा सधैं होस गर्नु पर्छ ।
가리 쩔라우다 서더이 호스 거르누 뻐르처

해석

나는 영화를 볼 때 팝콘을 먹습니다.
네팔에 사는 동안 나는 여행을 많이 할 생각입니다.
운전을 할 때는 항상 조심해야 합니다.

카트만두에서 운전하기

카트만두에서 운전하기란 정말 쉽지 않습니다. 일단 영국식 도로 시스템을 가지고 있어 우리나라와 도로 방향이 반대이고 운전석도 반대거든요. 그래서 항상 긴장하며 운전하여야 합니다. 어느 정도 익숙해졌다면 예상치 못한 곳에서 튀어나올 소, 버팔로, 개와 같은 동물이나 사람들을 조심해야 합니다. 가끔 시골 길을 가다보면 개, 오리, 닭들이 도로를 점령하고 비켜주지 않을 때가 있는데, 그럴 때는 속도를 줄이시고 조금씩 접근하면 자기가 깔리기 직전에 후딱 비켜준답니다. 그런데 오리 이 녀석은 둔해서 그런지 절대 비켜주지 않습니다. 혹 오리를 마주쳤을 때는 느긋하게 기다렸다가 모든 오리가 지나가면 움직이세요. 안 그러면 얼떨결에 그날 저녁에 오리탕을 먹어야 할지도 모릅니다.

2. 네팔어로 말하기

खाना खाँदाखेरी कुरा नगर्नुस् ।
카나 카다케리 꾸라 너거르누스
밥을 먹을 때는 말을 하지마세요.

तपाइँ यहाँ नहुँदा मलाई दुख लाग्छ ।
떠빠이 야하 너후다 멀라이 두커 락처
당신이 여기 없을 때 나는 가슴이 아픕니다.

गर्मी हुँदा म धेरै पानी पिउँछु ।
거르미 후다 머 데레이 빠니 삐우추
더울 때 나는 물을 많이 먹습니다.

म पसलमा किनमेल गर्न जाँदा हिरोइन भेटें ।
머 뻐설마 낀멜 거르너 자다 히로인 베테
나는 가게에 쇼핑을 가다가 배우를 만났습니다.

म खाना खाँदा टिभी हेर्छु ।
머 카나 카다 띠비 헤르추
나는 밥 먹을 때 TV를 봅니다.

काम गर्दा लुकेर च्याटिङ नगर्नुस् ।
깜 거르다 루께러 짜띵 너거르누스
일할 때 숨어서 채팅하지 마세요.

म पढ्दाखेरी गीत सुन्छु ।
머 뻐르다케리 기뜨 순추
나는 공부할 때 음악을 듣습니다.

म आउँदा बाटोमा एक्सिडेन्ड देखें ।
머 아우다 바토마 엑시던트 데케
나는 오다가 길에서 사고 난 것을 봤습니다.

कोरिया जाने बेलामा तपाइलाई भेटेर फर्कन्छु ।
코리아 자네 벨라마 떠빠이라이 베테러 퍼르껀추
한국에 갈 때 당신을 만나고 돌아올게요.

तपाइँ आउँदा म घरमा हुँदिन ।
떠빠이 아우다 머 거르마 후디너
당신이 올 때 나는 없을 겁니다.

काम गर्दा धेरे कुरा नगर्नुस् ।
깜 거르다 데레이 꾸라 너거르누스
일할 때 말을 많이 하지 마세요.

आज विहान उठने बेलामा बत्ती थिएन ।
아저 비한 우트네 벨라마 버띠 티에너
오늘 아침 일어날 때 전기가 없었습니다. (정전 때문에)

तपाइँ गल्ति गर्न सक्नुहुन्छ तर बहाना नगर्नुस् ।
떠빠이 걸띠 거르누 석끄누훈처 떠러 버하나 너거르누스
당신은 실수할 수 있습니다. 그러나 변명은 하지 마세요.

3. 단어 익히기

होस गर्नु (호스 거르누) = 조심하다

दुख लाग्नु (두커 라그누) = (마음이)아프다

किनमेल गर्नु (낀멜 거르누) = 쇼핑하다

हिरोनी (히로니) = 여배우

हिरोइन (히로인) = 남배우

लुक्नु (루끄누) = 숨다

लुकाउनु (루까우누) = 숨기다

बति (버띠) = 전기, 전등불

बति बालनु (버띠 발누) = 전등을 켜다

गल्ती गर्नु (걸띠 거르누) = 실수하다

बहाना बनाउनु (버하나 버나우누) = 변명을만들다

बहाना गर्नु (버하나 거르누) = 변명을 하다

4. 문법 따라잡기

1) **무엇을 할 때, 무엇을 하는 동안** (Vs +다(케리))

오늘은 '무엇을 할 때', '무엇을 하는 동안'이라는 표현을 네팔어로 배워 보겠습니다. 우리말로는 각각의 표현이 따로 있지만 네팔어로는 '무엇을 할 때', '무엇을 하는 동안' 관계없이 'V+다(케리)'로 표현합니다. 예문을 통해서 확인해 보겠습니다.

a. 카누(먹다)
카다(케리) 꾸라 너거르누스 = 밥 먹을 때 말하지 마세요.

b. 아우누(오다)
아우다(케리) 엑시던트 데케 = 오다가 사고를 봤습니다.

c. 빠르누(공부하다)
빠르다(케리) 수테 = 공부하다가 잤습니다.

2) **무엇을 할 시간** (Vs +네 벨라(마))

위에 배운 문형과 거의 비슷한 의미를 가지고 있습니다. 하지만 굳이 따지자면 '무엇을 할 시간에'라는 뜻을 가집니다. 네팔어로는 'Vs+네 벨라(마)'입니다. '벨라'는 시간이라는 뜻이며 '벨라마'는 '시간에' 입니다.

a. 자누(가다)
자네 벨라마 멀라이 번누스 = 갈 시간에 나한테 알려주세요.

b. 자누(가다)
자네 벨라 버요 = 갈 시간이 됐습니다.

오늘 하루도 수고 하셨습니다.

33

영국에 가 본적이 있습니까? (현재완료형)

1. 오늘의 한 마디

तपाईँ बेलायतमा जानु भएको छ ?
떠빠이 벨라□마 자누 버에꼬 처?

मैले नेपाली खाना खाएको छैन ।
머일레 네팔리 카나 카에꼬 처이너

वहाँले काम सिध्यानु भएको छैन ।
우하레 깜 시디아누 버에꼬 처이너

해석

당신은 영국에 가 본적이 있습니까?
나는 네팔 음식을 먹어 본적이 없습니다.
그는 일을 끝내지 못했습니다.

네팔의 고르카 용병

네팔 사람들은 영국에 대해서 큰 호감을 가지고 있습니다. 과거에는 전쟁에서 져서 영국에게 많은 땅(시킴, 다질링 등)을 빼앗긴 역사가 있음에도 불구하고 많은 사람들이 영국을 좋아하는 것을 볼 수 있습니다. 이유 중 하나가 고르카 용병 때문인 것 같습니다. 고르카는 영국이 전쟁 후 고르카 지역 병사들의 용맹함을 인정하여 용병으로 기용하면서 그 역사가 시작되었습니다. 지금은 영국의 군인으로 일하는 모든 네팔 사람들을 일반적으로 고르카 라고 부릅니다. 지금까지 많은 네팔인들이 고르카로 일하고 돌아왔습니다. 영국 용병으로 재직하고 은퇴하면 많은 돈을 벌 수도 있고, 영국으로부터 안정적인 연금을 받으며 노후를 보내는 경우가 많아서 지금도 네팔의 많은 젊은이들이 고르카로 일하기를 꿈꾸고 있습니다.

2. 네팔어로 말하기

मैले जापनिज फिल्म हेरेको छु ।
머일레 자빠니즈 필름 헤레꼬 추
나는 일본 영화를 본 적이 있습니다.

तपाइँले कोरियन खाना खानु भएको छ ?
떠빠일레 꼬리안 카나 카누 버에꼬 처?
당신은 한국 음식을 먹어본 적이 있습니까?

मैले टेनिस खेलेको छैन ।
머일레 떼니스 켈레꼬 처이너
나는 테니스를 해본 적이 없습니다.

तपाइँले विदेशीलाई भेट्नु भएको छ ?
떠빠일레 비데시라이 베트누 버에꼬 처?
당신은 외국인을 만난 적이 있습니까?

उ सामान किन्न गएको छ ।
우 사 만 낀 너 거 에 꼬 처
그는 물건을 사러 갔습니다.

मेरो कम्प्युटर विग्रेको छ ।
메로 컴퓨터 비그리에꼬 처
나의 컴퓨터가 고장 났습니다.

उसले क्रिकेट खेलेको छैन ।
우슬레 크리켓 켈레꼬 처이너
그는 크리켓을 해본 적이 없습니다.

उसंग तास खेल्दा मैले कहिले पनि जितेको छैन ।
우성거 따스 켈다 머일레 꺼힐레 뻐니 지떼꼬 처이너
그와 카드를 치면서 나는 한 번도 이긴 적이 없습니다.

मैले बुवाआमालाई आज फोन गरेको छैन ।
머일레 깨띠사티라이 아저 폰 거레꼬 처이너
나는 여자 친구에게 아직 오늘 전화를 못했습니다.

मैले गाडी चलाएको छैन ।
머일레 가리 쩔라에꼬 처이너
나는 자동차를 운전한 적이 없습니다.

मेरो साथीले अन्नपूर्ण हिमाल चढेको छ ।
메로 사티레 안나푸르나 히말 쩌레꼬 처
내 친구는 안나푸르나를 오른 적이 있습니다.

अहिले मेरो साथी स्वीस जानु भएको छ ।
어힐레 메로 사티 스위스 자누 버에꼬 처
지금 내 친구는 스위스에 갔습니다.

मैले एक पटक पनि पत्रिकामा लेखेको छैन ।
머일레 엑 뻐떡 뻐니 뻐뜨리까마 레케꼬 처이너
나는 한 번도 신문에 기사를 쓴 적이 없습니다.

3. 단어 익히기

बेलायत (벨라야드) = 영국 (잉글랜드 및 브리티쉬로도 많이 씀)

चढ्नु (짜르누) = (버스, 높은 산 등) 오르다, 타다

पूर्व (뿌르버) = 동

पश्चिम (버스찜) = 서

दक्षिण (덕친) = 남

उत्तर (우떨) = 북

उत्तर कोरिया (우떨꼬리아) = 북한

दक्षिण कोरिया (덕친꼬리아) = 남한

बिग्रनु (비그리누) = 고장 나다

बिगार्नु (비가르누) = 고장 내다

4. 문법 따라잡기

이번 수업에서는 현재완료형에 대한 내용을 배우겠습니다. 사실 현재완료형이라는 말 자체가 외국어를 배울 때나 필요한 단어인 것 같습니다. 한국어만 사용할 경우 굳이 필요한 내용은 아닌 것 같습니다. 하지만 모국어가 아닌 외국어를 효과적으로 배우고 사용하기 위해서는 이런 부분까지 배워야 할 것 같습니다.

이미 영어를 배우면서 '현재완료형', '과거완료형'에 대한 내용은 들어 봐서 용어 자체가 낯설지는 않을 겁니다. 간단히 이해하면 어떤 일이 과거부터 시작해 현재에 완료되었을 때 '완료형'이라는 표현을 씁니다. 기본적으로 '밥을 먹었다'는 밥을 먹기 시작해 지금 다 먹었으므로 현재완료형으로 씁니다.

혹은 지금까지 '무엇을 해 본 적이 있다'를 표현할 때도 현재완료형을 씁니다. '미국

에 간 적이 있다.', '네팔 음식을 먹은 적이 있다.'등과 같은 현재완료형을 네팔어로는 'Vs+에꼬' 문형이라고 합니다. 동사축약형 뒤에 '에꼬'를 붙이고 인칭에 따른 동사 변형을 만들면 됩니다. 그리고 타동사 현재 완료형을 말할 때는 일반형과 똑같이 주어 뒤에 '레'를 붙여줍니다. 표를 통해서 각 인칭별 동사변형을 배워 보겠습니다.

인칭	긍정형	부정형
머	Vs+에꼬 추	Vs+에꼬 처이너
떠빠이, 우하	Vs+버에꼬 처	Vs+버에꼬 처이너
하미	Vs+에까 처웅	Vs+에까 처이웅
띠미	Vs+에까 처우	Vs+에까 처이너우
우, 요, 띠요	Vs+에꼬 처	Vs+에꼬 처이너
우니하루	Vs+에까 천	Vs+에까 처이넌

표에서 나오는 동사 변형을 이용하여 예문을 만들어 보겠습니다. '가다', '오다'와 같은 자동사는 문형 그대로 사용해서 주어를 그대로 사용하면 되지만 '먹다'와 같은 타동사의 경우 주어 뒤에 '레'가 붙는 것을 기억하시면 됩니다.

예문)

a. 머 아메리카 거에꼬 추 / 처이너
나는 미국에 가 본적이 있다. / 없다.

b. 떠빠이 뻐니 자누버에꼬 처 / 처이너
당신도 가 본적이 있습니까? / 없습니까?

c. 거르마 퍼르께꼬 처 / 처이너
그는 집에 돌아왔다. / 오지 않았다.

d. 머일레 달받 카에꼬 추 / 처이너
나는 달받을 먹은 적이 있다. / 없다.

오늘 하루도 수고 하셨습니다.

34

어제 아팠었습니다. (과거완료형)

1. 오늘의 한 마디

हिजो तपाईं कहाँ जानु भएको थियो ?
히조 떠빠이 꺼하 자누 버에꼬 티요?

हिजो म बिरामी भएको थिएँ ।
히조 머 비라미 버에꼬 티에

हिजो राती पानी परेको थियो ।
히로 라띠 빠니 뻐레꼬 티요

해석
어제 당신은 어디에 갔었습니까?
어제 나는 아팠었습니다.
어제 저녁 비가 왔었습니다.

한국국제협력단(KOICA)

한국국제협력단(KOICA)을 소개해 볼까 합니다. 이제는 많은 분들이 KOICA에 대해서 들어 보았으리라 생각됩니다. KOICA는 1991년 우리나라의 공적개발원조(ODA) 사업을 위해 설립된 정부기관입니다. 주로 봉사단(전문가) 파견, 개발도상국가 연수생 초청, 긴급구호 지원, 각종 프로젝트 등의 사업을 전담합니다. KOICA 사업중 일반인이 쉽게 참여할 수 있는 분야가 바로 봉사단원 파견인데 지금도 매년 수차례 다양한 분야의(교육, 의료, 농업 등) 단원을 선발하여 세계 각지의 개발도상국가로 파견하고 있습니다. 더 자세한 정보를 위해서는 KOICA 홈페이지(koica.go.kr)를 방문하시기 바랍니다. 네팔에도 매년 수십 명의 봉사단원들이 정부기관, 대학교 등으로 파견되어 활동하고 있습니다. 저 또한 KOICA 봉사단원으로 활동하면서 처음 네팔어를 배우게 되었습니다.

2. 네팔어로 말하기

हिजो तपाइँले दिएको लुगा लगाएको थिएँ ।
히조 떠빠일레 디에꼬 루가 러가에꼬 티에
어제 당신이 주었던 옷을 입었었습니다.

हिजो बैंकबाट पैसा झिकेको थिएँ ।
히조 뱅크바터 뻐이샤 지께꼬 티에
어제 은행에서 돈을 찾았었습니다.

मेरो बुवाले एक बर्ष अघि काम छोड्नु भएको थियो ।
메로 부아레 엑 버르사 어기 깜 초르누 버에꼬 티요
나의 아버지는 1년 전에 일을 그만두었습니다.

हिजो फिल्म हेर्दा धेरै हाँसेका थियौं ।
히조 필름 헤르다 데레이 하세까 티요웅
어제 영화를 보면서 많이 웃었었습니다.

सपनामा तपाइँलाई देखेको थिएँ ।
서빠나마 떠빠이라이 데케꼬 티에
꿈에서 당신을 보았었습니다.

उसले यो भन्दा अघि जागिर खाएको थिएन ।
우슬레 요 번다 어기 자길 카에꼬 티에너
그는 전에 일을 하지 않았었습니다.

त्यसकारण पैसा पनि कमाएको थिएन ।
떼스까런 뻐이샤 뻐니 꺼마에꼬 티에너
그래서 돈도 벌지 않았었습니다.

पोखरा जाँदा मैले ट्रेकिङ गरेको थिएँ ।
포카라 자다 머일레 트레킹 거레꼬 티에
포카라 갈 때 나는 트레킹을 했었습니다.

तपाइँ आउँनु भन्दा अघि मैले एक्लै काम गरेको थिएँ ।
떠빠이 아우누 번다 어기 머일레 엑끌레이 깜 거레꼬 티에
당신이 오기 전에 나는 혼자 일했었습니다.

पहिलो पटक आउँदा म यहाँ बसेको थिएँ ।
빼힐레 빼떡 아우다 머 야하 버세꼬 티에
처음에 올 때 나는 여기에 앉았었습니다.

अस्ति यो ठाउँमा एक्सिडेन्ट भएको थियो ।
어스티 요 타우마 엑스던트 버에꼬 티요
지난번에 이곳에서 사고가 났었습니다.

3. 단어 익히기

पैसा झिक्नु (빼이샤 지끄누) = 돈을 찾다 (인출하다)

छोड्नु (초르누) = 놓다, 그만두다

हास्नु (하스누) = 웃다

हसाउँनु (하사우누) = 웃기다

सपना (서빠나) = 꿈

सपना देख्नु (서빠나 테크누) = 꿈꾸다

जागिर खानु (자길 카누) = 일하다 (밥벌이 하다 정도의 의미)

पैसा कमाउनु (빼이샤 꺼마우누) = 돈을 벌다

पैसा जम्मा गर्नु (빼이샤 점마우누) = 돈을 모으다

4. 문법 따라잡기

지난 수업에서는 현재완료형을 배웠으니 이번에는 과거완료형 문장을 배워 보겠습니다. 사실 이러한 문장을 적재적소에 정확하게 사용하기란 정말 어렵습니다. 우리말로 생각해 본다면 '했다'와 '했었다', '먹었다'와 '먹었었다' 정도의 차이입니다. 그래서 과거형, 과거완료형 어느 것으로 써도 무관한 경우가 많습니다. 표를 통해서 인칭에 따른 동사 변형을 확인해 보겠습니다.

인칭	긍정형	부정형
머	Vs+에꼬 티에	Vs+에꼬 티이너
떠빠이, 우하	Vs+버에꼬 티요	Vs+버에꼬 티에너
하미	Vs+에까 티요웅	Vs+에까 티에너웅
띠미	Vs+에까 티요우	Vs+에까 티에너우
우, 요, 띠요	Vs+에꼬 티요	Vs+에꼬 티에너
우니하루	Vs+에까 티에	Vs+에까 티에넌

※ V(동사원형), Vs(동사축약형)에 대한 설명은 책 처음 '일러두기'를 참고

과거완료형의 경우에는 영어로 배울 때도 어렵고, 한국어로 설명을 들어도 어렵습니다. 그래서 네팔어로도 어려울 수밖에 없네요. 항상 드리는 말이지만 언어는 현지인의 표현을 계속 듣고 익숙해지는 수밖에 없는 것 같습니다. 현지인들이 정확히 언제 사용하는지 주의 깊게 들으면서 따라서 사용하는 것이 가장 좋습니다.

오늘 하루도 수고 하셨습니다.

35

당신이 와서 나는 기쁩니다. (~해서)

1. 오늘의 한 마디

तपाईं आएकोले मलाई खुसी लाग्यो ।

떠빠이 아에꼴레 멀라이 쿠시 라교

पानी परेकोले बाटो हिलो छ ।

빠니 뻐레꼴레 바토 힐로 처

पैसा नभएकोले घुम्न जान सक्दिन ।

뻐이샤 너버에꼴레 굼너 자너 석디너

해석

당신이 왔기 때문에 나는 기쁩니다.(행복하다)
비가 왔기 때문에 길이 질퍽합니다.
돈이 없기 때문에 놀러 갈 수 없습니다.

히말라야 트레킹

네팔을 방문하신다면 트레킹은 꼭 추천하고 싶습니다. 물론 시간이 많이 소요 되므로 짧게 여행하시는 분들은 어려울 수 있겠지만, 혹시나 여유롭게 방문하여 트레킹을 하신다면 정말 잊지 못할 추억을 만들 수 있을 겁니다. 저 개인적 생각이 아니라 수많은 사람들이 한번 찾은 히말라야를 잊지 못해 몇 번이고 다시 찾는 것을 보면 그 무언가가 있지 않을까요? 아침에 차가운 공기를 쐬며 마시는 차, 달빛에 밤새도록 빛나는 히말라야, 웅대한 자연, 잊지 못할 경험입니다. 관광객들이 주로 찾는 트레킹 코스는 에베레스트 베이스캠프(10일), 안나푸르나베이스캠프(7일) 정도가 있습니다. 제가 생각하는 트레킹의 묘미는 산속에 있는 동안은 힘들어서 다시는 안 온다고 투덜거리다가도 시간이 지나면 힘들었던 기억은 모두 사라지고, 아름다운 추억들만 떠올라 다시 오고 싶어지는 마음이 생긴다는 것이지요. 저는 운 좋게 수차례나 경험할 수 있었습니다.

2. 네팔어로 말하기

तयारी धेरै गरेकोले समस्या छैन ।
떠야리 데레이 거레꼴레 서머스야 처이너
준비를 많이 했기 때문에 문제가 없습니다.

औषधी खाएकोले निको भयो ।
아우서디 카에꼴레 니꼬 버요
약을 먹었기 때문에 나았습니다.(회복되었습니다.)

मेरो वुवा नेपाल आउने भएकोले सामान झिकाउछु ।
메로 부아 네팔 아우네 버에꼴레 사만 지까우추
나의 아버지가 네팔에 오시기 때문에 물건을 주문합니다.

मेरो कलम खसेकोले उसले टिपी दियो ।
메로 껄럼 커세꼴레 우슬레 띠삐 디요
나의 볼펜이 떨어졌기 때문에 그가 주어줬습니다.

अस्ति उसको हजुरबुवा वितेकोले उ अहिले मासु खाँदैन ।
어스띠 우스꼬 허줄부아 비떼꼴레 우 어힐레 마수 카더이너
얼마 전 그의 할아버지가 돌아가셨기 때문에 지금 고기를 먹지 않습니다.

मैले आज दाँत नमाझेकोले मेरो मुख गन्हायो ।
머일레 아저 다뜨 너마제꼴레 메로 무크 건하요
나는 오늘 이빨을 닦지 않았기 때문에 입에서 냄새가 납니다.

वहाँले गर्दा ढिलो भयो ।
우할레 거르다 딜로 버요
그분 때문에 늦었습니다.

काठमाण्डौंमा हिटिङ सिस्टम नभएकोले हिउँदमा जाडो हुन्छ ।
카 트 만 두 마 히 팅 시 스 템 너버에꼴레 히우드마 자로 훈처
카트만두에는 난방 시설이 없기 때문에 겨울에 춥습니다.

वहाँ सुन्दरी भएकोले धेरै केटाहरू पछी लाग्छ ।
우하 순더리 버에꼴레 데레이 깨따하루 뻐치 락처
그녀는 아름다웠기 때문에 남자들이 많이 따릅니다.

विहान केही पनि नखाएकोले अहिले भोक लाग्यो ।
비한 께히 빠니 너카에꼴레 어힐레 보끄 라교
아침에 아무것도 안 먹었기 때문에 지금 배고픕니다.

मैले एक हप्ता ननुहाएकोले जिउ चिलायो ।
머일레 엑 홉다 너누하에꼴레 지우 찔라요
나는 한주 동안 못 씻었기 때문에 몸이 가렵습니다.

हिमालले गर्दा नेपालमा धेरै पर्यटक आउँछन् ।
히말레 거르다 네팔마 데레이 빠르여덕 아우천
히말 때문에 네팔에는 많은 관광객이 옵니다.

उसले नेपाली सिकेकोले नेपालमा बस्न सजिलो छ ।
우슬레 네팔리 시께꼴레 네팔마 버스너 서질로 처
그는 네팔어를 배웠기 때문에 네팔에서 살기가 쉽습니다.

जोमसोममा १२ बजे पछि हावा धरै चल्ने कारणले प्लेन विहान मात्र चल्छ ।
좀솜마 바러 버제 빠치 하와 데레이 쩔네 까런레 플레인 비하너 마뜨러 쩔처
좀솜에는 12시 이후에 바람이 많이 불기 때문에 비행기가 아침에만 뜹니다.

तिमीले मासु नखाने भएकोले मैले मासु पकाएको छैन ।
띠밀레 마수 너카네 버에꼴레 머일레 마수 빠까에꼬 처이너
너가 고기를 먹지 않기 때문에 나는 (고기)요리를 하지 않았습니다.

3. 단어 익히기

खस्नु (커스누) = ① 떨어지다 ② 돌아가시다 (죽다의 존칭)

बित्नु (비뜨누) = 돌아가시다 (죽다의 존칭)

मर्नु (머르누) = 죽다

मार्नु (마르누) = 죽이다

टिप्नु (띠쁘누) = ① 줍다 ② 메모하다 ③ (꽃, 열매 등) 따다

माझ्नु (마즈누) = (이, 접시 등) 닦다

पछि लाग्नु (뻐치 라그누) = 뒤따르다, 쫒아가다.

पछ्याउनु (뻐챠우누) = 뒤따르다, 쫒아가다.

पछि पछि आउनु (뻐치뻐치 아우누) = 뒤따르다, 쫒아가다.

चिलाउनु (찔라우누) = 가렵다

कन्याउनु (꺼냐우누) = 긁다

गन्ध (건다) = 냄새 (나쁜 냄새)

बास्ना (바스나) = 냄새 (향기, 일반적인 냄새)

गन्हाउनु (거나우누) = 냄새 나다

बास्ना आउनु (바스나 아우누) = 좋은 냄새가 나다.

4. 문법 따라잡기

1) ~ 때문에 ~하다 – 과거 (Vs +에꼴레)

이번 수업에서는 '~ 때문에 ~하다'를 배우겠습니다. 실생활에서 많이 쓰이는 문장이죠. '아침을 안 먹어서 배고프다.', '바빠서 못 간다.' 등과 같이 문형을 표현 할 수 있습니다. '에꼴레'형태는 '~때문에'의 행동이 과거에 일어난 일일 경우 사용할 수 있습니다.

a. 아우누(오다)
떠빠이 아에꼴레 쿠시라교 = 당신이 와서 기쁘다.

b. 카누(먹다)
데레이 카에꼴레 보끄라게너 = 많이 먹어서 배고프지 않다.

c. 딜로 후누(늦다)
딜로 버에꼴레 치또 히데 = 늦어서 빨리 걸었다.

2) ~ 때문에 ~하다 – 현재나 미래 (Vs +네 버에꼴레 〈후날레, 까런레〉)

이번 표현 역시 '어떤 행동 때문에 어떠하다'를 표현할 수 있으나 '~때문에'에 해당하는 행동이 현재나 앞으로 일어날 일일 때 사용합니다. Vs + '네 버에꼴레', '네 후날레', '네 까런레' 모두 같은 의미를 가지고 있으므로 자유롭게 사용하면 됩니다.

a. 자누(가다)
데레이 깜 거르네 버에꼴레 베스또 처 = 일을 많이 해야 되어서 바쁘다.
데레이 깜 거르네 후날레 베스또 처 = 일을 많이 해야 되어서 바쁘다.
데레이 깜 거르네 까런레 베스또 처 = 일을 많이 해야 되어서 바쁘다.

b. 하와 쩔누(바람이 불다)
하와 데레이 쩔네 버에꼴레 자로 처 = 바람이 많이 불어서 춥다.
하와 데레이 쩔네 후날레 자로 처 = 바람이 많이 불어서 춥다.
하와 데레이 쩔네 까런레 자로 처 = 바람이 많이 불어서 춥다.

c. 베스또 후누(바쁘다)
베스또 후네 버에꼴레 자너 석끼너 = 바빠서 갈수 없다.
베스또 후날레 자너 석끼너 = 바빠서 갈수 없다.
베스또 후네 까런레 자너 석끼너 = 바빠서 갈수 없다.

3) ~ 때문에 ~하다 – 명사 (명사 +레 거르다)

문장으로는 똑같이 '~ 때문에 ~하다'의 의미를 가지지만 '~때문에'에 해당하는 내용이 행동을 나타내는 동사가 아니라 명사일 때 사용할 수 있습니다. '너 때문에', '회사 때문에' 등 과 같이 사용할 수 있으며 '명사 + 레 거르다'로 사용하면 됩니다.

a. 떠빠이(당신)
떠빠일레 거르다 딜로 버요 = 당신 때문에 늦었다.

b. 오피스(회사)
오피스레 거르다 아저 아우누 석디너 = 회사 때문에 오늘 못 온다.

c. 조로(열)
조로레 거르다 께히 거리너 = 열 때문에 아무것도 못 했다.

오늘 하루도 수고 하셨습니다.

36

아침을 많이 먹어도 배고픕니다. (~해도)

1. 오늘의 한 마디

विहान धेरै खाए पनि अहिले भोक लाग्यो
비한 데레이 카에 빠니 어힐레 보끄 라교

म नगए पनि हुन्छ ?
머 너거에 빠니 훈처?

पैसा जत्ति भए पनि कहिल्यै पुग्दैन ।
빠이사 저띠 버에 빠니 꺼힐러이 뿍더이너

해석

아침에 많이 먹어도 지금 배고픕니다.
나는 안가도 되겠습니까?
돈은 얼마가 있더라도 항상 부족합니다.

네팔의 번다

번다는 '무엇을 닫다'라는 의미를 가지고 있습니다. 문을 닫는다는 의미가 될 수도 있고, 길을 막을 때도 '번다'라고 합니다. 그리고 네팔의 각 단체에서 시위를 할 때도 '번다'라는 표현을 쓰는데 일종의 파업과 같습니다. 번다를 주최하는 단체의 규모에 따라 도로를 막거나 상점의 문을 못 열게 하는 조취를 취합니다. 때로는 이를 지키지 않는 사람들에게 보복을 하기도 합니다. 예전에는 번다가 있으면 모두들 걸어 다니고, 문을 연 상점을 찾기 힘들었는데 최근에는 각종 단체들이 자신들의 요구 사항을 관철시키기 위해 수시로 번다를 하다 보니 그 효력도 많이 떨어진 것이 사실입니다. 때로는 교통사고로 사람이 죽는 경우 가들이나 마을 사람들이 그 도로를 '번다'하기도 합니다.

2. 네팔어로 말하기

पानी परे पनि म आउँछु ।
빠니 빠레 빠니 머 아우추
비가 와도 나는 오겠습니다.(가겠습니다.)

उसंग पैसा भए पनि खर्च गर्दैन ।
우성거 빠이샤 버에 빠니 컬쩌 거르더이너
그는 돈이 있어도 쓰지 않습니다.

उ अमेरीकामा बसे पनि अंग्रेजी बोल्दैन ।
우 어메리까마 버세 빠니 엉레지 볼더이너
그는 미국에 살았어도 영어를 못합니다.

हिजो राती नसुतेता पनि अहिले निन्द्रा लागेको छैन ।
히조 라띠 너수떼따 빠니 어힐레 닌드라 라게꼬 처이너
어제 저녁 못 잤어도 지금 잠이 오지 않습니다.

धेरे पटक पढे पनि मैले बुझिन ।
데레이 빠떡 빠레 빠니 머일레 부지너
여러 번 읽어도 나는 이해할 수 없습니다.

उ नआए पनि हामी जान्छौं ।
우 너아에 빠니 하미 잔처웅
그가 안와도 우리는 갑니다.

२ बजे भए पनि मिटिङ शुरु भएको छैन ।
두이버제 버에 빠니 미팅 수루 버에꼬 처이너
2시가 되어도 회의가 시작되지 않았습니다.

यो पटक भारत नगए पनि अर्को पटक जान्छु ।
요 빠떡 바럳 너거에 빠니 어르꼬 빠떡 잔추
이번에 인도에 못가더라도 다음 기회에 갑니다.

ढिलो भए पनि काम सिध्याएर जानुस ।
딜로 버에 빠니 깜 시디에러 자누스
늦더라도 일 끝내고 가세요.

काम धेरै गरेता पनि तलब बढ्दैन ।
깜 데레이 거레따 빠니 떨럽 버르더이너
일을 많이 하더라도 월급이 오르지 않습니다.

मान्छे धेरै भएता पनि काम छैन ।
만체 데레이 버에따 뻐니 깜 처이너
사람이 많아도 일이 안 됩니다.(도움이 안 됩니다.)

यो सामान सस्तो भएता पनि राम्रो छ ।
요 사만 서스또 버에따 뻐니 람므로 처
이 물건은 싸지만 좋습니다.

मिठो छैन भने नखाए पनि हुन्छ ।
미토 처이너 버네 너카에 뻐니 훈처
맛이 없으면 먹지 않아도 됩니다.

तयारी नभए पनि शुरु गर्नुपर्छ ।
떠야리 너버에 뻐니 수루 거르누뻐르처
준비가 안 되었더라도 시작해야 합니다.

उसंग अनुभव नभए पनि राम्रो काम गर्छ ।
우성거 어누밥 너버에 뻐니 람므로 깜 거르처
그는 경험이 없는데도 일을 잘 합니다.

3. 단어 익히기

खर्च (컬쩌) = 비용

खर्च गर्नु (컬쩌 거르누) = 돈을 쓰다, 소비하다

निन्द्रा लाग्नु (닌드라 라그누) = 잠이 오다

तलब (떨럽) = 월급, 임금

टिप्नु (버르누) = (가격, 시세) 오르다

घट्नु (거드누) = (가격, 시세) 내리다

भाडा (바라) = (집값, 렌트비 등) 가격

मूल्य (물레) = (물건 등) 가격

अनुभव (어누밥) = 경력, 경험

तयारी (떠야리) = 준비

तयारी हुनु (떠야리 후누) = 준비되다

तयारी गर्नु (떠야리 거르누) = 준비하다

4. 문법 따라잡기

1) ~하더라도 ~하다 (Vs +에(따) 빠니)

이번 수업에서는 '~하더라도 ~하겠다.'는 문형을 배워 보겠습니다. 사용법은 일반적으로 한국어 표현과 똑같이 '~하더라도'에 해당하는 앞부분이 부정적 상황이고 그럼에도 불구하고 어떤 행동을 하겠다는 상황에 이 표현을 쓸 수 있습니다.

먼저 표현하려는 동사를 축약형으로 만들고 '에 빠니' 혹은 '에따 빠니'를 붙인 뒤 문장을 마무리하면 됩니다. 예문을 통해서 확인하겠습니다.

a. 후누(이다 / 있다)
빠이샤 버에(따) 빠니 낀너 석더이너 = 돈이 있어도 살 수 없습니다.

b. 빠니 빠르누(비가 내리다)
빠니 빠레(따) 빠니 수루 훈처 = 비가 와도 시작합니다.

c. 베스또 후누(바쁘다)
베스또 버에(따) 빠니 아우추 = 바빠도 올게요.

d. 머홍고 후누(비싸다)
머홍고 버에(따) 빠니 낀너 먼 라교 = 비싸도 사고 싶습니다.

2) ~해도 됩니까? (Vs+에 훈처?)

동사축약형에 '에 훈처?'를 사용하여 동의 혹은 승인을 얻을 때 사용할 수 있습니다. 긍정형일 때는 문장의 끝을 '훈처', 부정형일 때는 '후더이너'로 사용하면 됩니다.

a. 카누(먹다)
카에 훈처? = 먹어도 됩니까?
카에 훈처 = 먹어도 됩니다.

b. 헤르누(보다)
헤레 훈처? = 봐도 됩니까?

헤레 후더이너 = 보면 안 됩니다.

3) ~하지 않아도 됩니까? (너+Vs+에 훈처?)

앞서 배운 문형을 부정형으로 물을 때 사용하는 표현입니다. '가야 됩니까?'를 '안 가도 됩니까?'와 같은 질문을 할 때 사용할 수 있습니다.

a. 자누(가다)
너거에 훈처? = 안 가도 됩니까?

b. 빠르누(읽다)
너빠레 훈처? = 안 읽어도 됩니까?

사진으로 떠나보는 네팔 여행

▲ 텅 빈 과자 속 양념을 넣어 먹는 푸리를 파는 노점

▲ 시내에 쉽게 볼 수 있는 국산차와 매장

오늘 하루도 수고 하셨습니다.

37

내가 올 때까지 기다리세요. (~할 때까지)

1. 오늘의 한 마디

म नआए सम्म पर्खनुस् ।
머 너아에 섬머 빠르커누스

५ नबजेसम्म काम गर्नुस् ।
빠쯔 너버제섬머 깜 거르누스

खाना खान जाऔं ।
카나 카너 자어웅

해석

내가 올 때까지 기다리세요.
5시가 될 때 까지 일하세요.
밥 먹으러 갑시다.

네팔에서 거주하기

네팔에 살고 있는 외국인(관광객이 아닌)들은 주로 어떤 집에서 살고 있을까요? 사람마다 다르긴 하지만 크게 구분하면 플랫(한 층)을 빌리거나 주택을 렌트하여 사는 경우가 대부분입니다. 외국인이 살만한 플랫의 경우 100~200달러 정도에 방 2-3칸짜리 집을 빌릴 수 있고, 주택의 경우 500~1000달러 정도의 예산으로 구할 수 있습니다. 물론 지역이나 가구 제공 여부에 따라 가격은 천차만별입니다. 네팔은 전세의 개념이 없으므로 보통 몇 년 계약을 하고 3개월분씩 월세를 내면서 살아갑니다. 네팔에서 집을 구하실 경우 물이 잘 나오는지, 햇볕이 잘 드는지(겨울엔 꽤나 춥거든요), 주변에 소음이 없는지 등을 잘 살피셔야합니다. 네팔에서 맘에 쏙 드는 한국식 구조의 집을 찾기는 사실 쉽지 않지만발품을 많이 팔다 보면 때로는 싸고 좋은 집을 찾기도 합니다.

2. 네팔어로 말하기

खाना नपाकेसम्म कुर्नु पर्छ ।
카나 너빠께섬머 꾸르누 뻐르처
음식이 익을 때까지 기다려야 합니다.

कोठा नपाएसम्म म तपाइँको घरमा बस्छु, हुन्छ ?
꼬타 너빠에섬머 머 떠빠이꼬 거르마 버스추, 훈처?
방을 구할 때까지 나는 당신 집에 살아도 될까요?

१० नबजेसम्म सरकारी कर्मचारी आउँदैनन् ।
더스 너버제섬머 설까리 꺼르머짤리 아우더이너
10시가 될 때까지 공무원은 오지 않았습니다.

उसले गीत नगाएसम्म म नाच्दिन ।
우슬레 기뜨 너가에섬머 머 나쯔디너
그가 노래를 부르기 전까지 나는 춤을 추지 않습니다.

तिमी नहाँसेसम्म म बोल्दिन ।
띠미 너하세섬머 머 볼디너
너가 웃기 전까지 나는 말하지 않을꺼야.

सफल नभएसम्म म कोशिश गर्छु ।
서펄 너버에섬머 머 꼬시스 거르추
성공할 때까지 나는 시도(도전)하겠습니다.

अब जाऊँ (जाम) ।
어버 자어웅!(잠)
이제 갑시다!

उनीहरू नआएसम्म हामी यही बसौं ।
우니하루 너아에섬머 하미 예히 버서웅
그들이 오기 전까지 우리는 여기 앉읍시다.

पानी नपरेसम्म धान रोप्न सक्दैन । (रोपाई गर्न सक्दैन)
빠니 너뻐레섬머 단 로쁘너 석더이너 로빠이 거르너 석더이너
비가 오기 전까지 모를 심을 수 없습니다. (모심기를 할 수 없습니다.)

तपाइँले नबोलाएसम्म ऊ तपाइँको घरमा आउँदैन ।
떠빠일레 너볼라에섬머 우 떠빠이꼬 거르마 자디너
당신이 부르기 전까지 나는 당신 집에 가지 않을 겁니다.

वहाँले नबुझाएसम्म तपाइँको कुरा पत्याउन सकिन ।
우할레 너부자에섬머 떠빠이꼬 꾸라 뻐따우누 서끼너
그가 말하기 전까지 당신의 말을 알아들을 수 없었습니다.

म सधैं नअघाएसम्म खान्छु ।
머 서더이 너어가에섬머 칸추
나는 항상 배부를 때까지 먹습니다.

म निको नभएसम्म अफिस जाँदिन ।
머 니꼬 너버에섬머 오피스 자디너
준나는 몸이 낫기 전까지 회사에 가지 않습니다.

तपाइँले नसम्झेसम्म सोच्नुस ।
떠빠일레 너섬제섬머 소쯔누스
당신은 기억날 때까지 생각하세요.

आजभोलि घाम नलागेसम्म जाडो हुन्छ ।
아저 볼리 감 너라게섬마 자로 훈처
요즘은 해가 뜨기 전까지 춥습니다.

3. 단어 익히기

कुर्नु (꾸르누) = 기다리다
पाउनु (빠우누) = 얻다
सरकारी (설까리) = 정부
कर्मचारी (꺼르머짤리) = 직원
कार्यालय (까르얄라야) = 사무실
मन्त्रालय (먼뜨리얄라야) = 부처
मन्त्री (먼뜨리) = 장관
गीत (끼뜨) = 노래
गीत गाउनु (기뜨 가우누) = 노래를 부르다
नाच्नु (나쯔누) = (춤을) 추다
धान रोप्नु (단 로쁘누) = 모를 심다
रोप्नु (로쁘누) = 심다

खेती (케띠) = 밭

पत्याउनु (뻐따우누) = 알아채다, 알아듣다

घाम (감) = 햇빛

घाम लाग्नु (감 라그누) = 해가 나다, 해가 비치다

सूर्य (수리야) = 태양

चन्द्र (쩐드러) = 달

4. 문법 따라잡기

1) ~할 때까지 ~을 하다 (너+Vs +에 섬머)

이번 수업에서는 '무엇을 할 때까지 무엇을 하다', 혹은 '무엇을 하기 전까지 무엇을 하다' 형의 표현을 배워 보겠습니다. 이 문장을 만들기 위해서는 동사 앞에 부정을 뜻하는 '너'를 넣고 동사축약형 뒤에 '에 섬머'을 붙이시면 '무엇을 하기 전까지'라는 문형이 만들어 집니다. 그리고 문장 후반부를 자유롭게 완성하면 됩니다.

a. 거르누(하다)
너거르네 섬머 깜 후더이너 = 하기 전까지 일이 안됩니다.

b. 아우누(오다)
너아우네 섬머 뻐르컨추 = 오기 전까지 기다립니다.

c. 순누(듣다)
너순네 섬머 비슈와스 거르디너 = 듣기 전까지 믿지 않습니다.

2) ~합시다 (Vs +어웅)

이 표현은 영어로 Let's에 해당하는 청유형입니다. 동사축약형에 '어웅'을 붙이시면 '무엇을 합시다.'가 됩니다.

a. 자누(가다)
자어웅 = 갑시다.

b. 카누(먹다)
카어웅 = 먹읍시다.

c. 수루 거르누(시작하다)
수루 거러웅 = 시작합시다.

38

아침을 먹지 않고는 일할 수 없습니다. (~하지 않고는)

1. 오늘의 한 마디

विहान खाना नखाईकन काम गर्न सक्दिन ।
비한 카나 너카이꺼너 깜 거르누 서디너

नेपालमा कोरियाको सामान पाईदो रहेछ ।
네팔마 꼬리아꼬 사만 빠이도 러헤처

उ रक्सी खादो रहेछ ।
우 럭시 카도 러 처

해석

아침을 먹지 않고는 일할 수 없습니다.
네팔에서 한국 물건을 구할 수 있습니다.
그는 술을 먹습니다.

네팔의 역사

네팔의 역사를 아주 간략하게 적어 보겠습니다. 네팔은 4세기경부터 18세기까지 수많은 민족들이 자신들의 왕국을 만들어 살아가는 지역이었는데, 수도 카투만두 지역에는 15세기부터 토착 민족인 네왈(Newari)족들이 각자의 왕국을 만들어 살았었습니다. 그런 상황에서 1700년대 네팔 중부에서 고르카 왕조가 일어나 점차 세력을 확장하면서 카투만두 지역까지 정복하였습니다. 1769년 그렇게 고르카 왕조의 왕 '쁘리티비 나라얀 샤(Prithivi Narayan Shah)'가 네팔 역사상 최초의 통일왕국을 세웠습니다. 그 후 왕정 국가였지만 1846년에는 정거 바하둘 라나(Jung Bahadur Rana)가 쿠테타에 성공함으로 라나 가문이 네팔을 실질적으로 통치하였습니다. 이후 1950년부터는 민주화 운동이 시작되면서 네팔의회당을 포함한 여러 정당들이 네팔을 집권하였습니다. 그사이 왕정과 민주정으로 여러 차례 바뀌기도 했지만 현재는 공식적으로 왕정이 폐지되었습니다.

2. 네팔어로 말하기

ट्रेकिङ जान गाह्रो हुदो रहेछ ।
트레킹 자다 가로 후도 러헤처
트레킹을 가는 것은 어렵습니다.

वहाँ पाँच वटा भाषा बोल्नु हुँदो रहेछ ।
우하 빠쯔 워따 바사 볼누 후도 러헤처
그는 5개의 언어를 말할 수 있습니다.

वहाँलाई धेरै इर्ष्या लाग्दो रहेछ ।
우할라이 데레이 이르샤 라그도 러헤처
그는 질투가 굉장히 많습니다.

त्यो मान्छेले बेइज्जत गर्दो रहेछ ।
또 만체레 베저뜨 거르도 러헤처
저 사람은 남을 대할 때 무시합니다.

त्यो मान्छेले इज्जत गर्दो रहेछ ॥
띠요 만체레 이쩌뜨 거르도 러헤처
비저 사람은 남을 대할 때 존중합니다.

काठमाण्डौमा स्याउ फल्दो रहेनछ ।
카트만두마 샤우 펄도 러헤너처
카트만두에는 사과가 열리지 않습니다.

त्यो पसलमा पाउरोटी रहेनछ ।
또 뻐설마 빠우로띠 러헤너처
저 가게에는 빵이 없습니다.

तपाइँले धेरै प्रसंसा गर्दो रहेछ ।
떠빠이레 데레이 쁘로섬사 거르도 러헤처
당신은 칭찬을 많이 하는군요.

नेपालमा चाउचाउ जता पनि पाईंदो रहेछ ।
네팔마 짜우짜우 저따 뻐니 빠이도 러헤처
네팔에서 라면은 어디에서도 구할 수 있습니다.

उ कोरिया गएको रहेछ ।
우 꼬리아 거에꼬 러헤처
그는 한국에 갔습니다.

हात नधोइकन खाना खानु हुँदैन ।
하뜨 너도이꺼너 카나 카누 후더이너
손을 씻지 않고는 밥을 먹으면 안됩니다.

कुरा नबुझिकन गाली गर्नु हुँदैन ।
꾸라 너부지꺼너 갈리 거르누 후더이너
이야기를 이해하지 않고(듣지 않고) 혼내면 안됩니다.

भाषा नसिकिकन राम्रोसंग बोल्न सकिदैन ।
바사 너시끼꺼너 람므로성거 볼너 서끼더이너
언어를 배우지 않고 말을 잘 할수 없습니다.

काम नगरिकन पैसा कमाउन सकिदैन ।
깜 너거리꺼너 빠이사 꺼마우너 서끼더이너
일을 하지 않고는 돈을 모을 수 없습니다.

3. 단어 익히기

बोल्नु (볼누) = 말하다

प्रसंसा गर्नु (쁘로섬사 거르누) = 칭찬하다

इर्ष्या राख्नु (이르샤 라그누) = 질투하다

बेइज्जत गर्नु (베이저뜨 거르누) = 무시하다

इज्जत गर्नु (이저뜨 거르누) = 존경하다, 존중하다

बुझ्नु (부즈누) = 이해하다

बुझाउनु (부자우누) = 이해시키다

गाली गर्नु (갈리 거르누) = 혼내다, 잔소리하다

फल्नु (펄누) = (과일이) 열리다

स्याउ (샤우) = 사과

अंगुर (엉그루) = 포도

4. 문법 따라잡기

1) ~하지 않고는 (Vs +이꺼너)

이번 수업에서는 동사축약형 뒤에 '이꺼너'를 붙여 '~을 하지 않고(는)'의 표현을 배워 보겠습니다. 예문을 통해 사용법을 확인하겠습니다.

a. 꼬시스 거르누(시도 하다)
꼬시스 너거리꺼너 꺼서리 빠운처?
시도도 안하고 어떻게 얻습니까?

b. 낀누(사다)
티켓 너낀이꺼너 빗드러 아우누 석더이너
티켓을 안사고 안으로 올 수 없습니다.

c. 자누(가다)
트레킹 너거이꺼너 포카라 잔추
트레킹을 안가고(가지 않고) 포카라에 갑니다.

2) '러헤처' 용법

지금 배울 '러헤처'의 표현은 한국 문법에는 없는 표현이라 이해하기 어려운 부분입니다. 뜻은 단순히 '처 / 처이너'와 같으나 예상했던 거와 반대의 상황이나 몰랐던 사실을 알았을 때 사용하는 표현입니다.

예를 들어 네팔에는 한국 물건이 없는 줄 알았는데 있을 경우에 '네팔마 꼬리아꼬 사만 빠이도 러헤처'를 사용합니다. 일반적으로는 '빠인처'만 해도 되는데 몰랐는데 구할 수 있다는 것을 알았기 때문에 '빠이도 러헤처'를 사용하는 것이 더 좋습니다.

슈퍼에 가서 주스가 있는지 물었는데 주인이 없다고 합니다. 그런데 주인이 다시 한 번 찾아보더니 주스가 구석에 하나 있습니다. 그럴 때 '주스 러헤처'라고 합니다. 단순하게는 '주스 처 = 주스가 있네요.'로 사용할 수도 있지만 '러해처'로 사용하는 것이 더 정확한 표현입니다. '러헤처'는 '러허누'동사에서 왔습니다. 일반적으로 문법으로 '러헤처'의 부정형은 '러헤꼬처이너'로 사용해야 하나, 이 표현을 사용할 경우에만 있어서 '러헤너처'로 사용됩니다.

상황	긍정형	부정형
명사	명사 + 러헤처	명사 + 러헤너처
과거의 일어난 일	Vs +에꼬 러헤처	Vs +에꼬 러헤너처
일반적, 미래	Vs+네/도 러헤처	Vs+네/도 러헤너처
일반적(복수)	Vs+네/다 러헤천	Vs+네/다 러헤너천

※ V(동사원형), Vs(동사축약형)에 대한 설명은 책 처음 '일러두기'를 참고

사진으로 떠나보는 네팔 여행

▲ 네팔에 있는 옥류관 카트만두 분점

▲ 네팔 한 대학의 컴퓨터 교실

오늘 하루도 수고 하셨습니다.

39

한국어를 한번 배워보세요. (~해보세요)

1. 오늘의 한 마디

खाना खाईसक्नु भयो ?
카나 카이석끄누 버요?

ट्रेकिङको लागि तयार गरिराख्नुस् ।
트레킹꼬 라기 떠야리 거리라크누스

एक पटक कोरियन भाषा सिकिहेर्नुस् ।
엑 빠떡 꼬리안 바사 시끼헤르누스

해석
식사를 이미 했습니까?
트레킹을 위해서 준비를 해두세요.
한국어를 한번 배워보세요.

동기부여

네팔에서 제가 크게 얻은 것 중 하나가 언어인 것 같습니다. 처음 네팔에 왔을 때 네팔어는 물론이고 영어도 한마디 못하다 보니 답답한 점이 정말 한두 가지가 아니었습니다. 누군가가 현지인이나 외국인과 유창하게 이야기하는 모습이 그렇게 부러웠답니다. 그런 모습에 자극을 받아 '나도 한번 열심히 해봐야겠다.'는 생각을 매번 했었습니다. 그런 동기가 없었다면 이곳에서의 생활이 그리 쉽지만은 않았을 겁니다. 기회가 될 때마다 부딪혔습니다. 네팔어, 영어는 일하는데 꼭 필요했기에 열심을 냈었고, 일본어 친구를 사귀기 위해 일본어를 배우기도 하고 티베트 여행을 계획하면서는 무작정 중국인이 하는 식당에 들어가 중국어를 배우기도 했습니다. 돌이켜 생각해 보면 바쁜 일상 가운데서도 시간을 조금만 시간을 내 보세요. 좋은 친구들이 많이 기다립니다.

2. 네팔어로 말하기

मैले खाना खाईसके ।
머일레 카나 카이석께
나는 이미 식사를 했습니다.

हिजो दिएको पैसा सबै खर्च गरिसक्यौ ?
히조 디에꼬 빠이사 서버이 컬쩌 거리서꾜우?
어제 준 도은 벌써 다 썼어?

मिठो भयो कि भएन चाखिहेर्नुस ?
미토 버요 끼 버에너 짜끼헤르누스
맛이 있는지 없는지 맛보세요.

तपाइँले त्यो फिल्म हेरिसक्नुभयो ?
떠빠일레 띠요 필림 헤리석끄누버요?
당신은 그 영화를 벌써 봤습니까?

म पोखरा गईसकेको छु ।
머 포카라 거이석께꼬 추
나는 포카라에 이미 가봤습니다.

त्यो अफिस उदघाटन भईसक्यो, तर काम शुरु भएको छैन ।
뜨 오피스 우드가던 버이석꾜 떠러 깜 수루 버에꼬 처이너
그 사무실은 이미 열었지만 아직까지 일을 시작하지는 않았습니다.

मैले भनेको कुरा सम्झीराख्नुस् ।
머일레 버네꼬 꾸라 섬지라크누스
내가 말한 이야기 기억해 두세요.

यहाँ एकछिन बसिराख्नुस्, म पसल गएर आउँछु ।
야하 엑친 버시라크누스 머 뻐설 거에러 아우추
여기 잠깐 앉아계세요. 가게에 다녀오겠습니다.

त्यो पसलमा सेल छ रे, एक पटक गईहेर्नुस् ।
뜨 뻐설마 셀 처래 엑 뻐떡 거이헤르누스
그 가게는 세일 기간이라네요. 한번 가보세요.

अहिले टन्न खाईराख्नुस् जाने बाटोमा पसल छैन ।
어힐레 떤너 카이라크누스 자네 바또마 뻐설 처이너
지금 많이 먹어두세요. 가는 길에 가게가 없습니다.

वहाँलाई एक पटक फोन गरिहेर्नुस् ।
우하라이 엑 빠떡 폰 거리헤르누스
그에게 전화를 한번 해보세요.

ढिलो भईसक्यो छिटो आउनुस् ।
딜로 버이석꾜 치또 아우누스
늦었습니다. 빨리 오세요.

सामान मेरो टेबुलमा राखिराख्नुस् ।
사만 메로 떼블마 라키라크누스
물건을 내 책상에 놓아두세요.

वहाँलाई एक चोटी सोधीहेर्नुस् ।
우하라이 엑 쪼띠 소디헤르누스
그에게 한번 말해 보세요.

हुन्छ कि हुदैन कोशिस गरिहेर्नुस् ।
훈처 끼 후더이너 꼬시스 거리헤르누스
되는지 안 되는지 시도 해보세요.

3. 단어 익히기

सक्नु (석끄누) = ① 할 수 있다 ② 끝나다

राख्नु (라크누) = 두다

चाख्नु (짜끄누) = 맛보다

उद्घाटन हुनु (우드가던 후누) = 개업, 개점 등이 되다

सम्झनु (섬저누) = 기억하다

विचार गर्नु (비자르 거르누) = 생각하다

तयार गर्नु (떠야리 거르누) = 준비하다

सोध्नु (서드누) = 묻다

कोशिस गर्नु (꼬시스 거르누) = 시도하다

4. 문법 따라잡기

1) 이미, 벌써 ~하다 (Vs +이석끄누)

이번 수업에서는 '이미, 벌써 ~하다'의 표현을 배워 보겠습니다. 일반적으로 '석끄누' 동사는 무엇을 할 수 있다'라는 뜻을 가지고 있지만 때로는 '~이 끝나다'라는 뜻도 가집니다. 후자의 표현을 하기 위해서는 동사축약형에 '이석끄누'를 붙이면 됩니다. '석끄누'의 경우 시제와 인칭에 따라 또 문장을 완성시키면 됩니다.

a. 카누(먹다)
카나 카이석께 = 식사를 이미 했습니다.

b. 자누(가다)
거르 거이썩끄누버요 = 이미 집에 갔습니다.

c. 헤르누(보다)
요 필림 헤리석께 = 이 영화는 이미 봤습니다.

2) ~보다 (Vs +이헤르누)

동사 축약형에 '이헤르누'를 사용하면 시도해 보라는 뜻을 가지고 있습니다. 외국인은 쉽게 사용하기 어려운 표현일 수 있으나 한국인은 쉽게 배울 수 있는 표현입니다. 왜냐하면 우리말에도 '하다'와 '보다'를 합쳐 '해보다'라는 표현이 있기 때문입니다. '~보다' 로 표현함으로서 '시도해 보다'라는 뜻을 가집니다.

a. 짜크누(맛 보다)
짜키헤르누스 = 맛보세요.

b. 폰 거르누(전화 하다)
엑쵸띠 폰 거리헤르누스 = 한번 전화해 보세요.

c. 베뜨누(만나다)
베띠 헤르누버요? = 만나보셨나요?

3) ~ 두다 (Vs +이라크누)

이 표현 또한 한국어에 똑같은 표현이 있기에 우리는 쉽게 배울 수 있습니다. '하다'와 '두다'를 합쳐 '해두다'라는 동사를 만드는 것처럼 미래를 위해 준비 해두는 행동을 말할 때 이 표현을 쓸 수 있습니다. 정확한 의미를 표현하기가 어렵긴 하지만 우리나라 말로 생각해서 '동사+두다'가 가능하다면 네팔어로도 똑같이 사용가능합니다.

a. 라크누(두다)
사만 라키라크누스 = 물건을 놓아두세요.

b. 씨끄누(배우다)
네팔리 바사 씨끼라크누스 = 네팔어를 배워두세요.

c. 번누(말하다)
우하라이 번이라케 = 그에게 말해두었습니다.

4) ~인지 아닌지 (문장+끼+문장)

네팔어 '끼'는 우리말의 '혹은', '또는'이라는 의미에 해당합니다. 이것을 이용하여 '학생인지 아닌지', '물인지 술인지' 등을 표현할 수 있습니다. 접속사 '끼' 앞뒤로는 명사를 사용하여도 되고 문장을 붙여 사용할 수도 있습니다.

a. 훈처 끼 후더이너 소드누스 = 되는지 안 되는지 물어보세요.

b. 럭시호 끼 빠니호 짜키헤르누스 = 술인지 물인지 맛보세요.

c. 자누훈처 끼 주눈훈너? = 갑니까? 안갑니까?

사진으로 떠나보는 네팔 여행

▲ 카트만두에서 가까워 사람들이 즐겨 찾는 휴양지 너걸코트

오늘 하루도 수고 하셨습니다.

40

항상 늦게 자곤 했습니다. (습관적 행동)

1. 오늘의 한 마디

मलाई नेपाली बोल्न आउथ्यो ।
멀라이 네팔리 볼너 아우툐

कोरियामा म सधैं ढिलो सुत्थें ।
코리아마 머 서더이 딜로 숟테

तपाइँ यहाँ भन्दा अघि कहाँ काम गर्नुहुन्थ्यो ?
떠빠이 야하 번다 어기 꺼하 깜 거르누훈툐?

해석

나는 네팔어를 할 수 있었습니다.
한국에서는 항상 늦게 자곤 했습니다.
당신은 이곳 전에 어디서 일했었습니까?

네팔어 습득 과정

처음 네팔어를 배울 때가 생각납니다. 간단한 인사말조차 모른 채로 수업에 들어갔는데 선생님께서 '너머스떼'하고 인사를 하시더니 네팔어로 간단히 자기소개를 하셨습니다. 그 선생님께서는 3개월 동안 네팔어를 가르치면서 우리가 정말 이해하기 어려울 때를 제외하고는 영어를 거의 사용하지 않았었는데 이상하게 3개월 후 우리는 기본적인 네팔어를 할 수 있게 되었습니다. 참 신기하죠? 지금 생각해 보면 기본적으로 언어를 습득하는 순서에 따라 하나씩 가르쳐 주셨나 봅니다. 손가락으로 볼펜을 가르치며 천천히 '요 껄럼 호'라고 하면 '이것은 볼펜입니다.'라는 것이 이해가 되었습니다. 그렇게 순서에 따라 하나씩 배워 나가니 어느덧 말을 하고 이제는 이렇게 네팔어 교재까지 쓸 수 있었습니다. 쉽지도 어렵지도 않는 네팔어 수업을 끝까지 함께 해주신 모든 분들께 감사드립니다.

2. 네팔어로 말하기

म सानोमा धेरे चकलेट खान्थें ।
머 사노마 데레이 초콜렛 칸테
나는 어릴 때 초코렛을 먹곤 했습니다.

म रक्सी खाँदिनथे र म चुरोट खान्थें ।
머 럭시 카디너테 러 머 쭈롯 칸테
나는 술을 마시지 않았었습니다. 그리고 나는 담배를 피웠었습니다.

उहँ काम शुरु गर्दाखेरी धेरै मेहनत गर्नुहुन्थ्यो ।
우하 깜 수루 거르다케리 데레이 메허너뜨 거르누훈툐
그는 일을 시작할 때는 굉장히 열심히 하곤 했었습니다.

उ सधै स्कूल जाँनेबेला पैसा माग्थ्यो ।
우 서더이 스쿨 자네벨라 뻐이사 마그툐
그는 학교에 갈 때마다 돈을 달라고 했었습니다.

पहिला मेरो हाकीम चाँडै रिसाउनुहुन्थ्यो ।
뻐힐라 메로 하킴 짜러이 리사우누훈툐
예전에 나의 상사는 항상 화를 내곤했었습니다.

उ गाडी मर्मत गर्ने काम जान्दथ्यो ।
우 가리 머르머드 거르네 깜 잔더티요
그는 차를 고치는 일을 할 수 있었습니다.

मलाई फ्रेन्च बोल्न आउथ्यो तर अहिले बिर्से ।
멀라이 프렌치 볼너 아우툐 떠러 어힐레 비르세
나는 불어를 말할 수 있었습니다. 하지만 지금은 잊어버렸습니다.

अहिले म हतारमा छु पछि कुरा गरौंला ।
어힐레 머 허딸마 추 뻐치 꾸라 거로울라
지금 나는 바쁩니다. 다음에 이야기합시다.

हामी कोरियामा दिनको तीन पटक भात खान्थ्यौं ।
하미 꼬리아마 딘꼬 띤 뻐떡 바뜨 칸티요웅
우리는 한국에서 하루에 3번씩 밥을 먹었었습니다.

तपाइँ नेपाल आउनु भन्दा अघि खाना पकाउन आउथ्यो ?
떠빠이 네팔 아우누 번다 어기 카나 빠까우너 아우툐?
당신은 네팔에 오기 전에 음식을 만들 수 있었습니까?

उनीहरू हरेक दिन घर बाहिर खेल्थे ।
우니하루 허렉 딘 거르 바히러 켈테
그들은 매일 집 밖에서 놀곤 했었습니다.

उ लामखुट्टे देख्ने बित्तिकै मार्न थाल्थ्यो ।
우 람쿠떼 데크네 비띠꺼이 마르너 탈툐
그는 모기를 보자마자 죽이기 시작했었습니다.

त्यो फिल्म अर्को दिन हेरौंला, आज यो फिल्म हेरौं ।
또 필림 어르꼬 딘 헤로울라 아저 요 필림 헤러웅
그 영화는 다음에 봅시다. 오늘은 이 영화를 봅시다.

उ पहिला धेरै गफ गर्दैन थ्यो, तर आजभोलि निकै गफ गर्ने भएको छ ।
우 뻐힐라 데레이 거프 거르더이너툐, 떠러 아저볼리 니꺼이 거프 거르네 버에꼬 처
그는 예전에 수다를 많이 떨지 않곤 했었습니다. 하지만 요즘은 아주 수다를 많이 떱니다.

आशा गर्दछु, फेरी भेटौंला ।
아사 거르더추, 페리 베또웅라
희망합니다. 다시 만납시다.

3. 단어 익히기

मेहनत गर्नु (메헤너뜨 거르누) = 열심히 하다, 노력하다

रिस (리스) = 화

रिस उठनु (리스 우트누) = 화내다

रिसाउनु (리사우누) = 화내다

जान्नु (잔누) = 할 수 있다 (기능, 기술)

वित्तिकै (비띠꺼이) = 즉시, 하자마자

गफ गर्नु (거프 거르누) = 수다 떨다

निकै (니꺼이) = 거의(부정형), 아주 조금

हतार (허딸) = 바쁘다(hurry)

थाल्नु (탈누) = (어떤 동작을)시작하다

लामखुट्टे (람쿠떼) = 모기

पैसा माग्नु (빠이샤 마그누) = 돈을 구걸하다, 달라고 하다

आशा (아사) = 희망

आशा गर्नु (아사 거르누) = 희망하다

4. 문법 따라잡기

1) ~을 하곤 했다, ~을 했었다 (Vs+툐)

마지막 수업에서 배울 내용은 과거의 습관적인 내용을 표현할 때 쓰는 문장 형태입니다. 일반적인 대화에서 잘 사용되지는 않지만 과거를 회상하거나, 지금은 아니지만 과거에 했었던 행동을 표현할 수 있습니다. 한국어로는 '하곤 했다', '했었다'로 표현할 수 있습니다.

이 문형을 사용하실 때는 반드시 과거의 시제를 문장에 넣어야 하고 인칭에 따라 동사 말미가 변형됨으로 각각의 변형을 모두 알고 계셔야 합니다. 표를 통해서 인칭에 따른 긍정형과 부정형 동사변형을 확인해 보겠습니다.

인칭	긍정형	부정형
머	Vs+테	Vs+디너테
떠빠이, 우하	V+훈툐	V+훈너툐
하미	Vs+티요웅	Vs+더이너티용
띠미	Vs+툐우	Vs+더이너툐우
우, 요, 띠요	Vs+툐	Vs+더이너툐

a. 머 / 카누(먹다)
머 코리아마 후다 비한 카나 칸테
나는 한국에 있을 때 아침을 먹곤 했습니다.

b. 떠빠이 / 람므로 후누(좋다)
떠빠이 빼힐라 람므로 후누훈툐
당신 예전에는 좋았었습니다.

c. 우 / 하스누(웃다)
우슬레 부아 비뜨누 번다 어기 서더이 하스툐
그는 아버지가 돌아가시기 전에는 항상 웃곤 했습니다.

d. 하미, 카나 버나에러 카누
하밀레 허렉 서니바르 거르마 카나 버나에러 카티요웅
우리는 매주 토요일에 집에서 음식을 만들어 먹곤 했습니다.

2) 가까운 미래형(Vs+오울라)

마지막으로 배울 표현은 쉽고 간단하지만 자주 사용되는 문장입니다. 바로 '내일 만납시다.'의 표현인데요, 가까운 미래에 할 행동을 나타낼 때 사용할 수 있습니다. 사용법은 동사축약형에 '오울라'를 붙이시면 됩니다. 가장 많이 쓰이는 예문으로는 '내일 만나요'가 있습니다.

a. 배뜨누(만나다)
볼리(페리) 베또울라
내일(또) 만납시다.

b. 거르누(하다)
빠치 거로울라
다음에 하겠습니다.

이것으로 마흔 번째 수업을 모두 마치겠습니다. 지금까지 함께한 네팔어 수업이 어렵지는 않으셨나요? 언어는 얼마만큼 아느냐가 중요한 것이 아니라 언어라는 도구로 자신의 생각과 의견을 얼마나 잘 표현하느냐가 중요하다고 생각합니다.

책으로 언어의 기초를 쌓는 것도 물론 중요합니다. 하지만 단순히 책의 내용을 암기하는 것이 아니라 배운 내용을 활용하여 사람들과 이야기하고 또 다른 책을 읽을 수 있어야지만 비로써 살아있는 언어가 된다고 생각합니다. 이 책을 통해서 배운 내용이 있다면 가능한 많이 사용하시면서 완전히 자신의 언어로 만들 수 있기를 바랍니다.

마지막 수업까지 함께 해주셔서 감사합니다.